LA VIE

DE

S. VINCENT, DIACRE, MARTYR

PATRON DES VIGNERONS

ET DE

S. ÉLOI, ÉVÊQUE DE NOYON

PATRON DES LABOUREURS, DES ORFÈVRES, ETC.

SERMON POUR LA TOUSSAINT

SUR CE DICTON POPULAIRE :

IL SUFFIT D'ÊTRE HONNÊTE HOMME

PAR M. L'ABBÉ BOITEL

Chanoine titulaire de la Cathédrale de Châlons sur Marne,
Membre de la Société académique de Châlons,
et de l'Institut historique de France.

CHALONS

IMPRIMERIE T. MARTIN, PLACE DU MARCHÉ-AU-BLÉ

1865.

LA VIE

DE S. VINCENT ET DE S. ÉLOI

LA VIE

DE

S. VINCENT, DIACRE, MARTYR

PATRON DES VIGNERONS

ET DE

S. ÉLOI, ÉVÊQUE DE NOYON

PATRON DES LABOUREURS, DES ORFÈVRES, ETC.

SERMON POUR LA TOUSSAINT

SUR CE DICTON POPULAIRE

IL SUFFIT D'ÊTRE HONNÊTE HOMME

PAR M. L'ABBÉ BOITEL

Chanoine titulaire de la Cathédrale de Châlons sur Marne,
Membre de la Société académique de Châlons,
et de l'Institut historique de France.

CHALONS

IMPRIMERIE T. MARTIN, PLACE DU MARCHÉ-AU-BLÉ.

1863.

Hommage à Sa Sainteté PIE IX de l'Histoire de Montmirail-en-Brie.

TRÈS-SAINT-PÈRE,

Comme votre Sainteté a daigné agréer l'hommage de mon *Histoire du bienheureux Jean* surnommé *l'humble*, que Monseigneur Bara, évêque de Châlons-sur-Marne a bien voulu se charger de Lui présenter en mon nom, lors de la canonisation des martyrs Japonais, j'ose encore offrir en hommage à votre Sainteté, mon *histoire de Montmirail-en-Brie*, qui fait suite à celle du bienheureux Jean.

Combien je désire que ces modestes ouvrages soient une preuve de mon entier dévouement et de ma parfaite soumission au Saint Siége apostolique ! C'est un fils respectueux qui cherche à dédommager par un léger témoignage d'affection un Père, le plus tendre des pères, de l'ingratitude et des outrages de tant d'enfants dénaturés.

Prosterné au pied du trône de votre Sainteté, je vous prie humblement de vouloir bien donner votre bénédiction apostolique à celui qui a l'honneur d'être avec la plus profonde vénération,

De Votre Sainteté,

Le fils le plus respectueux et le plus dévoué.

BOITEL,

Chanoine titulaire.

Châlons-sur-Marne, le 1er octobre 1862.

Réponse de Sa Sainteté PIE IX.

ILLME AC RNDE DNE DNE COLDME,

Obsequium litterarum tuarum una cum volumine inscripto—*Histoire de Montmirail-en-Brie*,—clementissime excepit sanctissimus Dominus Pius Papa IX ;

et quamvis ejus lectioni vacare nequiverit ob sollicitudines pastoralis officii, quibus distinetur, mihi tamen munus demandavit, ut sensus benevolentiæ et grati animi sui tibi per epistolam patefacerem, simulque certiorem redderem, eamdam Sanctitatem suam apostolicam benedictionem tibi peramanter impertiri.

Dum huic officio mihi credito libenter obsequor, gaudeo quod exhibita sit occasio, ut æstimationem, et observantiam meam singularem tibi profitear, cui bona et felicia omnia divinitus adprecor.

Tui, Illme ac Rnde Done.

Dat : Romæ die 29 novembris 1862.

Illmo ac Rndo Dno Dno Coldmo

Presbytero Boitel, Canonico Cathedralis Ecclesiæ Catalaunensis.

Catalaunum.

Humillimus et addictissimus servus,

JOANNES SOTTOVIA.

Illmi Dni Sectri ab Epistolis latinis.

Traduction de la lettre de Sa Sainteté PIE IX.

ILLUSTRISSIME, RÉVÉRENDISSIME ET TRÈS-HONORÉ MONSIEUR,

Notre très-saint Père le Pape Pie IX a reçu avec beaucoup de bienveillance votre lettre et l'hommage de votre ouvrage, qui a pour titre : *Histoire de Montmirail-en-Brie ;* et quoiqu'Il n'ait pu en faire la lecture à cause des soins infinis du souverain pontificat, qui absorbent tous ses moments, cependant il m'a chargé de vous faire connaître, par une lettre, ses sentiments de bienveillance et de gratitude, et de vous prévenir en même temps que Sa Sainteté vous donne de tout son cœur sa bénédiction apostolique.

En m'acquittant avec bonheur de cette commission, je me réjouis de trouver cette occasion de vous témoigner toute mon estime et ma considération singulière, et de vous souhaiter que Dieu vous accorde toutes sortes de prospérités.

Illustrissime et révérendissime monsieur,

Je suis votre humble et très-dévoué serviteur,

JEAN SOTTOVIA.

Secrétaire des Lettres latines de l'illustrissime Seigneur.

Donné à Rome, le 29 Novembre 1862.

A l'illustrissime, révérendissime et très-honoré monsieur Boitel, prêtre, chanoine de l'église cathédrale de Châlons,

A Châlons

Lettre à Sa Majesté NAPOLÉON III, Empereur des Français.

SIRE,

J'eus l'insigne honneur, l'année dernière, en accompagnant au camp du Grand-Mourmelon, Monseigneur Bara, évêque de Châlons, de présenter à Votre Majesté, quatre histoires sur la Champagne, que vous avez daigné agréer.

J'ose, cette année, vous en offrir une cinquième, qui pourra vous être plus agréable encore. C'est *l'Histoire de Montmirail-en-Brie*, où sont décrites les plus glorieuses batailles de 1814, où j'ai tâché de rectifier les erreurs des différents historiens et de donner des faits inédits.

Je serai infiniment reconnaissant si Votre Majesté daigne accueillir avec bienveillance mes différents ouvrages sur la Champagne, à laquelle elle porte tant d'intérêt : ce qui sera pour moi un motif puissant de publier mes *Beautés sur l'Histoire de la Champagne.*

Veuillez agréer les hommages du plus profond respect avec lequel j'ai l'honneur d'être,

de Votre Majesté,

Sire,

Le très-humble et très-obéissant serviteur.

BOITEL.

Chanoine titulaire,

Le Grand-Mourmelon, le 25 août 1862.

Réponse de Sa Majesté NAPOLÉON III, Empereur des Français.

Palais des Tuileries, le 13 novembre 1862.

CABINET DE L'EMPEREUR.

Monsieur l'abbé,

L'Empereur a bien voulu accepter l'*Histoire de Montmirail*, dont vous lui avez offert l'hommage. Sa Majesté a apprécié les sentiments qui vous ont inspiré la pensée d'écrire les évènements historiques dont le récit est contenu dans cet ouvrage, et m'a chargé d'avoir l'honneur de vous adresser ses remercîments.

Recevez, monsieur l'abbé, l'assurance de ma respectueuse considération.

Pour le Secrétaire de l'Empereur,
Chef du cabinet et par autorisation.

Le Sous-Chef,

SACALCY.

Monsieur l'abbé Boitel.

DISCOURS PRÉLIMINAIRE

LES AVANTAGES DE L'HISTOIRE.

On dit : *l'Histoire est la première école du genre humain.*

Développons cette pensée et montrons les avantages de l'histoire.

Donnons d'abord le témoignage du premier orateur romain :

« L'histoire, dit Cicéron, est la lumière des temps, » la contemporaine de tout le genre humain, la dé- » positaire des évènements, le témoin de la vérité, » l'âme des souvenirs, la grande conseillère et » l'oracle de la vie humaine, la messagère et l'inter- » prète des siècles passés. C'est en la méditant, qu'on » puise à la source des sages desseins et de la pru- » dence, et qu'on découvre la règle de la bonne con- » duite et des mœurs.

» Sans elle, ajoute encore Cicéron, nous demeu- » rons circonscrits dans les bornes étroites du temps » et du lieu où nous sommes, et vivons dans une » honteuse ignorance de tout ce qui nous a précédés » et de tout ce qui nous environne. Et qu'est-ce là » autre chose qu'une puérilité éternelle, qui fait de » nous des enfants et des étrangers pour le reste de » l'univers ? »

Un homme du barreau français, un grand magistrat, le chancelier d'Aguesseau, nous donne aussi une haute idée de l'histoire. Il regrette de ne l'avoir point étudiée dans sa jeunesse, et recommande à son fils d'y donner tous ses soins et d'éviter sa négligence :

« Comme il faut, mon cher fils, que vous profitiez
» de mes fautes, je ne rougirai point de vous avouer
» que je me suis toujours repenti de n'avoir pas
» étudié l'histoire avec autant de suite et d'exactitude
» que j'aurais dû le faire, je ne saurais même
» trouver une excuse suffisante dans les emplois
» pénibles et laborieux dont j'ai été chargé de bonne
» heure ; ils m'auraient laissé encore assez de temps,
» si j'avais su le mettre à profit pour acquérir une
» science dont on sent de plus en plus l'utilité, à mesure
» qu'on avance en âge.

» L'étude de l'histoire, fondée sur les principes de
» la vraie philosophie, c'est-à-dire de la religion,
» élève l'homme au-dessus des choses de la terre,
» au-dessus de lui-même, lui inspire le mépris de
» la fortune, fortifie son courage, le rend capable
» des plus grandes résolutions, et le remplit enfin
» de cette magnanimité solide et véritable, qui fait,
» non-seulement le héros, mais le héros chrétien. »

Les deux hommes qui ont le plus travaillé sur l'histoire, Rollin et Fleury, ne tarissent pas sur la nécessité de l'étudier.

Rollin veut que l'histoire soit le premier instituteur donné aux enfants. Car l'histoire les amuse en les instruisant ; elle ouvre leur intelligence, forme leur jugement, incline doucement leur cœur au bien, pique leur curiosité, leur procure une jouissance pure et les porte à l'étude par l'attrait du plaisir.

Les paroles de Fleury sont en quelques sorte plus frappantes encore :

« On ne peut commencer trop tôt à donner aux
» enfants les principes de l'histoire. En même temps
» qu'on leur contera les faits qui servent de fondement
» aux instructions de la religion, il faut leur

» conter aussi ceux que l'on trouvera dans l'histoire, » les plus grands, les plus éclatants, les plus agréables » et les plus faciles à retenir. Il faut choisir entre » tous les autres ceux qui peuvent frapper l'imagi- » nation....; leur nommer les hommes qui font » plus grande figure dans l'histoire du monde. »

Faisons maintenant entendre la voix la plus imposante, la voix de Bossuet. Quel langage magnifique!

» La religion et le gouvernement politique sont » les deux points sur lesquels roulent les choses hu- » maines : en découvrir tout l'ordre et toute la suite, » c'est comprendre dans sa pensée tout ce qu'il y a » de grand parmi les hommes, et tenir, pour ainsi » dire, le fil de toutes les affaires de l'univers. Or, » c'est là le grand enseignement de l'histoire ; par » là tout vous tournera à profit. Il ne se passera au- » cun fait dont vous n'aperceviez les conséquences. » Vous admirerez la suite des conseils de Dieu dans » les affaires de la religion ; vous verrez aussi » l'enchaînement des choses humaines, et, par là, » vous connaîtrez avec combien de réflexion et de » prévoyance elles doivent être gouvernées. »

On ne peut rien dire de plus sur les avantages de l'histoire.

C'est la considération de ces avantages inestimables qui nous porta à publier plusieurs ouvrages historiques.

Il est important d'examiner comment on abusa de l'histoire.

D'abord, au commencement de ce siècle, l'enseignement même élémentaire de l'histoire était presque entièrement négligé en France.

Quand cet enseignement eut pris place dans le programme de l'instruction publique, on dénatura l'histoire au point que des voix s'élevèrent pour demander que l'histoire fût retranchée de l'enseignement.

On passa d'un excès à un autre : l'étude de l'histoire, après avoir été presque oubliée, est devenue une étude dominante, presque exclusive. On n'aurait eu qu'à s'en louer, si les maîtres n'eussent point été dominés par les préjugés, aveuglés par l'erreur, emportés par leurs utopies, poussés par l'impiété.

Élevons-nous dans les régions supérieures. Les grands écrivains ont formé des écoles ou plutôt des sectes historiques, d'où le surnaturel est banni, de sorte qu'on peut dire que, depuis trois siècles, l'histoire n'est qu'une conspiration presque générale contre la vérité.

Citons quelques-unes de ces sectes historiques.

L'*école symbolique* enseigne que toutes les religions sont des formes plus ou moins bonnes, mais variables de l'idée religieuse, et que le catholicisme lui-même n'est plus qu'un antique et vénérable symbole, un mythe, aujourd'hui défaillant et usé.

Est-il une utopie plus folle ? Le catholicisme n'est-il pas actuellement tel qu'il était il y a dix-huit siècles ? Qu'on montre en quoi il a varié !

L'école rationaliste substitue au gouvernement du monde, par la Providence, le progrès indéfini de la raison humaine. Nous montrons dans nos *soirées merveilleuses* toute la fausseté de ce progrès indéfini.

L'*école fataliste* supprime la liberté humaine, nous montre les différents personnages de l'histoire comme autant d'instruments d'une force aveugle, qui les fait concourir à ses fins, sans qu'ils sachent où elle les mène. Cette école admet la moralité des faits accomplis, c'est-à-dire le droit de la force brutale. Voilà le *fatum* des payens ressuscité. N'est-pas là le comble de l'aberration ? Qu'on nous parle encore de liberté !

Mais c'est surtout l'histoire des saints qu'on s'est acharné à défigurer. N'a-t-on pas poussé l'impudence jusqu'à lancer dans le monde ce dicton abominable : *Il ment comme la vie des saints ?*

Lâches, parce que vous n'avez pas le courage de faire ce que les saints ont fait, vous supposez que toute leur histoire est un mensonge. Vous ressemblez à ces gens malhonnêtes *qui mesurent*, comme on dit en terme vulgaire, *tous les autres à leur aune*.

Nous avons déjà relevé bien des erreurs historiques dans nos différents ouvrages, surtout dans notre histoire du bienheureux Jean, surnommé l'*Humble*.

Nous entreprenons de donner aujourd'hui la vie de deux saints, qui ont jeté un tel éclat dans le monde, qu'on les a pris pour patrons des deux plus grandes corporations ou confréries, celles des vignerons et celle des laboureurs.

Nous commençons par la vie de saint Vincent, diacre et martyr, uniquement pour suivre l'ordre chronologique. Nous ne prétendons nullement élever l'un au-dessus de l'autre. Ils ont chacun leur mérite propre, leur gloire spéciale, qui surpasse celle des plus fameux potentats.

S'il est utile de connaître les hauts faits des grands hommes de l'antiquité et des temps modernes, il est infiniment plus important d'étudier les actions incomparables des saints, et, en particulier, des deux saints dont nous nous occupons. Trouverez-vous dans toute l'histoire profane un seul personnage qui en approche, même de loin ? Il y a là la distance du ciel à la terre.

Les actions des saints sont comme autant de perles précieuses que nous devons nous empresser de recueillir avec un soin extrême. Tout ce que le monde, la nature entière nous présentent de plus enchanteur, n'est rien auprès des œuvres des saints. C'est pourquoi le prophète royal s'écrie : « Dieu est admirable » dans ses saints ! *mirabilis Deus in sanctis suis.* »

Ce sont surtout les actions surhumaines de saint Vincent et de saint Eloi qui ont excité singulièrement l'admiration dans tous les temps.

Cherchons d'abord les raisons pour lesquelles les vignerons choisirent saint Vincent pour leur patron. On en donne plusieurs, plus touchantes les unes les autres.

Les vignerons voulurent avoir pour patron un saint d'une immense renommée, d'un grand crédit auprès de Dieu. Ils ne pouvaient faire un choix plus heureux. Saint Vincent est l'un des plus illustres martyrs de Jésus-Christ. Son pouvoir dans le ciel est incroyable.

La vie des vignerons est la vie la plus occupée, la plus pénible. On peut presque dire qu'elle est un vrai martyr. Les vignerons portent plus que personne le poids du jour et de la chaleur. C'est avec raison qu'ils ont pris pour patron le saint dont le martyre fut le plus cruel, le plus prolongé, le plus incessant, le plus raffiné. L'enfer déploya toutes ses ruses et toutes ses furies. Mais saint Vincent triompha des tortures les plus inconcevables. Quel exemple de courage et de patience!

Les vignerons avaient un motif tout spécial en prenant saint Vincent pour patron. C'était d'obtenir par sa puissante intercession et par son exemple la force de surmonter le vice auquel ils sont le plus exposés. Or, ce vice est le plus dégradant, le plus honteux, le plus infâme, le plus funeste, le plus séduisant, et extrêmement commun. C'est l'ivrognerie.

Il n'y a pas de vice qui attire davantage la colère céleste.

Ecoutez les malédictions terribles que le Saint-Esprit prononce contre les personnes sujettes au vin :

« Malheur à vous, qui êtes puissants à boire et «vaillants à vous enivrer : *Væ, qui potentes estis ad*

» *bibendum vinum, et viri fortes ad miscandam*
» *ebrietatem* (1).

» Malheur à vous, qui vous levez le matin pour » vous plonger dans les excès de la table, pour boire » jusqu'à ce que le vin vous échauffe par ses fumées, » et qui n'avez aucun égard à l'œuvre du Seigneur : » *Væ, qui consurgitis manè ad ebrietatem sectandam,* » *et potandum usque ad vesperam ut vino æstuetis...;* » *et opus Domini non respicitis* (2). »

Vous dites : « Venez, prenons du vin, buvons » jusqu'à l'excès, et demain nous recommencerons » pour boire encore mieux : *Venite, sumamus vi-* » *num et impleamur ebrietate, et erit sicut hodiè,* » *sic et cràs et multò ampliùs* (3).

» Mangeons et buvons, répétez-vous, car nous mourrons bientôt : *Comedamus et bibamus, cràs* » *enim moriemur.*

» C'est pourquoi le Seigneur dit dans sa colère :

» Je jure que vous porterez votre iniquité jusqu'à » la mort, et que je ne vous la pardonnerai jamais : » *si dimittetur iniquitas hæc vobis, donec moriamini,* » *dicit Dominus Deus exercitum* (4).

Oh ! que ces menaces sont effrayantes ! car Dieu est fidèle à ses paroles.

Songez surtout quels seront les châtiments de vos orgies !

En ce monde, vous vous ravalez au-dessous de la brute ; vous éteignez en vous l'œil de l'intelligence ; vous ruinez votre fortune. Quelles maladies cruelles vous vous préparez ! vous abrégez vos jours.

Ces peines temporelles ne sont que des jeux ; vous

(1) Isaï, 5, v. 22.

(2) Ibid. v. 21 et 22.

(3) Ibid. 56, v. 10, 11 et 12.

(4) Ibid. 56, v. 14

subirez dans l'enfer des tortures infiniment plus épouvantables que celles de saint Vincent. Voyez-vous les torrents de flammes dont vous serez abreuvés pendant l'éternité? quelle soif inextinguible vous dévorera sans fin!

Entendez-vous les cris déchirants du mauvais riche!

« Je souffre horriblement dans cette flamme :
» *Crucior in hâc flammâ.* »

Faites-y une sérieuse réflexion, et armez-vous de courage pour résister à vos convoitises. Il y va de tout pour vous.

Les vignerons ont encore un extrême besoin de la protection de saint Vincent pour supporter les épreuves de cette vie. La terre est une vallée de larmes.

Or, qui est plus exposé aux accidents, aux revers de fortune, aux tribulations, aux infirmités que les vignerons? Que de fois les intempéries des saisons leur font perdre dans un instant tout le fruit du travail d'une année!

Saint Vincent leur apprend par son exemple à supporter sans murmurer tous les genres d'afflictions. Qui a jamais souffert autant qu'il a souffert? Dites-moi? s'est-il plaint, ou de Dieu, ou de ses bourreaux? Plus les tourments se multipliaient, plus il était content, joyeux. Pourquoi? parce que par là sa récompense s'augmentait de plus en plus.

« Quelques peines passagères, s'écriait-il, comme
» saint Paul, opèreront en moi un poids éternel de
» gloire. »

En effet, quel trône éblouissant de clarté il occupe dans le ciel! quels torrents de délices inondent son cœur! Ses tourments n'ont duré que quelques jours; mais son bonheur commence toujours pour ne finir jamais.

O vignerons, oserez-vous vous plaindre dans vos

peines, quand vous voyez votre patron si joyeux sur son gril ardent?

N'oubliez pas non plus un autre avantage inestimable des afflictions. Il faut faire pénitence de ses fautes. Or, dit saint Jean-Chrysostôme, toutes les adversités qui nous arrivent en ce monde sont un baptême de feu qui consume et détruit nos péchés.

Du haut de son grille enflammé, votre saint patron vous prêche la vérité la plus essentielle, qui est nécessaire aux vignerons plus qu'à tout autre, et que peu de chrétiens veulent comprendre.

Les vignerons sont des hommes de foi. Ils savent qu'une religion purement morale et sociale ne suffit pas. Ils connaissent ces paroles remarquables de Napoléon Ier à Portalis, lorsqu'il n'était encore que premier consul :

« Oh ! oh ! reprit vivement Napoléon, ne me par-
» lez pas d'une religion qui ne m'apprend qu'à vivre,
» sans m'enseigner d'où je viens et où j'irai (1).

Or, saint Vincent vous apprend, vignerons, d'où vous venez et où vous allez. Mais pour atteindre votre but, il vous déclare qu'il faut combattre.

« Nul ne sera couronné, vous dit-il avec saint
» Paul, s'il n'a légitimement combattu : *non corona-*
» *bitur, nisi legitimè certaverit.* »

Il faut emporter le ciel d'assaut ; on ne peut y arriver que par de grands efforts.

Mais les vignerons se trouvent dans une plus grande nécessité de combattre contre les ennemis du salut que la plupart des autres chrétiens. Ils sont plus fréquemment en contact avec les incrédules, les libertins, les méchants. Ils ont donc besoin d'une plus grande force pour résister aux tentations.

Rien n'est plus facile. Levez les yeux sur votre

(1) Emile Marco de Saint-Hilaire, *histoire populaire anecdotique et pittoresque de Napoléon*, p. 236.

intrépide patron, ô vignerons! et à son exemple, vous braverez et les maximes et les séductions, et les railleries, et les sarcasmes, et les injures, et les malédictions, et les menaces, et les persécutions des impies. Si, comme votre saint patron, par la fidélité à tous vos devoirs, vous perdez la vie en ce monde, vous la retrouverez dans l'autre. Plus vous aurez combattu vaillamment, plus votre gloire sera éclatante. Comme la pensée du ciel change en douceurs les afflictions les plus accablantes, les injustices les plus odieuses!

Qui peut dire combien sont puissants les exemples des saints?

Aussi les chrétiens lisent passionnément *la Vie des Saints*, et ne s'avisent jamais de marchander à Dieu le pouvoir de s'élever au-dessus de la nature.

Permettez-nous, ô vignerons, de vous adresser une question?

Si quelque impie se hasarde en votre présence de mettre en doute l'histoire de saint Vincent, votre glorieux patron, que répondrez-vous?

Vous lui direz :

« Voyez-vous cette nuée de témoins qui, depuis » le quatrième siècle, proclament dans tous les âges » et dans toutes les contrées la gloire de saint Vin- » cent? N'est-ce pas là le témoignage de l'univers » entier? Qui oserait le contredire serait un in- » sensé. »

« Croyez-vous que les vignerons, nos ancêtres, » qui l'ont adopté pour patron, ne savaient pas ce » qu'ils faisaient? Les prenez-vous pour des imbé- » ciles? Vous leur faites injure. Allez, ils savaient » bien que saint Vincent n'est pas un mythe, un » symbole, un rationaliste, un fataliste, mais un » saint du premier ordre. Nous nous faisons gloire » de croire ce qu'ils ont cru. Vous venez bien tard » pour nous en conter. »

Vous pourrez leur présenter un autre témoignage, non moins imposant, celui d'un des quatre grands docteurs de l'Église.

Saint Augustin a prononcé quatre sermons en l'honneur de saint Vincent, le jour de sa fête, les sermons 274, 275, 276, 277. Il avait une si haute estime de saint Vincent, qu'il ne pouvait se lasser de publier ses actions avec de vifs transports. Pour nier saint Vincent, il faudrait aussi nier saint Augustin.

Prudence, fameux poète du IVe siècle, a célébré ses œuvres dans un hymne, l'hymne V. Il a excellemment décrit en vers le glorieux triomphe de sa passion.

Saint Bernard, Isidore, métaphraste, et tous ceux qui ont écrit des martyrologes, le citent avec les éloges les plus pompeux.

Bollandus, le savant le plus célèbre du siècle dernier, a recueilli et publié les actes de saint Vincent.

Ce qui met le comble à sa gloire sur la terre, c'est que saint Léon, pape, lui donne de très-grandes louanges.

Ainsi, la vie du saint patron des vignerons, avec tout son merveilleux, est incontestable. C'est une des vies de saints la plus étonnante et la plus digne de foi.

Il se présente maintenant le grand saint Eloi, qui remplit également le monde du bruit de son nom.

Nous arrivons à notre seconde question. Pourquoi les laboureurs ont-ils choisi saint Eloi pour patron?

On donne plusieurs réponses fort importantes.

La première est toute naturelle.

Comme saint Eloi excellait à travailler les différents métaux, qu'il se servait de la forge, de fourneaux, de l'enclume, qui sont nécessaires pour former des socs de charrue, les laboureurs le prirent pour patron.

Son état spécial était celui d'orfèvre. Aussi, les orfèvres, les horlogers, les serruriers, les forgerons, les maréchaux, les chaudronniers, les bourreliers se mirent également sous son patronage.

Les raisons mystiques sont plus essentielles encore.

La fraude est très-facile dans l'emploi des métaux, soit sur la qualité, soit sur la quantité, soit par les mélanges, soit par mille moyens ingénieux que la cupidité invente, soit par l'ignorance des acheteurs.

Dans le commerce des grains et des bestiaux, il est également très-aisé de tromper.

Les hommes qui travaillent les métaux et les laboureurs, pour s'arrêter sur la pente du mal, pour ne pas se laisser prendre à l'appât d'un gain illicite, pour n'être point entraînés par l'occasion, se sont mis sous la protection d'un saint qui s'est distingué par son extrême délicatesse.

Qui est plus propre que saint Eloi à inspirer une horreur souveraine de toute dissimulation, de tout déguisement, de tout artifice, de toute duplicité, et à vous porter à éviter le mensonge dans les paroles, la fraude dans les transactions et l'infidélité dans les promesses? Qui ne partage l'étonnement, l'admiration de Clotaire?

On entend partout cette plainte : *il n'y a plus de bonne foi dans le commerce.*

En effet, que de gens qui jouissent de la réputation d'hommes de bien, qui affichent en tout la franchise, qui ne parlent que de désintéressement, qui seraient au désespoir de causer à qui que ce soit le moindre tort, qui éblouissent par une pompeuse ostentation de loyauté, qui n'ont à la bouche que des paroles d'or, et qui, cependant, ne s'étudient qu'à tromper avec plus de succès sous ces fausses apparences. Ce sont des loups ravissants, qui se revêtent de la peau de brebis. Combien de crimes couverts sous le manteau d'honnête homme!

On peut appliquer à ces ouvriers d'iniquité cette expression énergique de saint Jérôme : « Toute leur » substance est menteuse : *tota eorum substantia » mendax est.* »

Mais pour être plus déguisés, trompeurs, vous n'en n'êtes pas moins criminels, ni moins abominables devant Dieu, qui voit le fond des cœurs, et qui ne haît rien tant que les âmes hypocrites : *abominatio Dominio omnis illusor* (1).

Ecoutez le roi-prophète : « Dieu aura toujours » en abomination l'imposteur et le fourbe : *virum » dolosum abominabitur Dominus* (2). »

Quelles malédictions Dieu fulmine contre celui qui a le cœur double, un visage à deux faces, un langage dissimulé, un esprit trompeur, et qui marche sur la terre par deux différentes voies, suivant le besoin qu'il en a pour réussir dans ses prétentions : *væ duplici corde et labiis scelestis et manibus malefacientibus et peccatori terram ingredienti duabus viis* (3).

Tremblez, dissimulés! malgré toutes vos ruses, toute votre adresse, tout votre génie, vous serez démasqués, vous tomberez dans vos propres piéges, et vous verrez s'accomplir sur vous ces paroles du Sage : tout réussira mal aux fourbes : *filio doloso nihil erit boni* (4).

Mais, vous tous, qui avez pris saint Eloi pour patron, imitez sa loyauté. Comme lui, vous réussirez dans vos entreprises. Vos gains ne seront pas grands, mais ils seront honnêtes ; ils se renouvelleront plus souvent. Vous élèverez insensiblement l'édifice de votre fortune. Cet édifice aura pour base

(1) Prov. 3. v. 32.

(2) Ps 5, v. 7.

(3) Eccli. 2, v. 14.

(4) Prov. 14, v. 15.

l'honnêteté, et vous ne craindrez pas que le moindre vent le renverse.

Saint Éloi vous donne encore une grande leçon : il vous apprend que la piété n'est incompatible avec aucune profession honnête, qu'on peut remplir les devoirs qu'elle impose dans quelque état qu'on se trouve, qu'elle relève les œuvres les moins apparentes, qu'elle leur donne un prix infini. Vos œuvres seront non-seulement éclatantes aux yeux des hommes, mais encore pleines de mérites aux yeux de Dieu, parce qu'elles procèdent d'un principe de vie. Tout en travaillant pour ce monde périssable, vous travaillez aussi pour l'éternité. Vous aurez par là une double récompense, une récompense sur la terre, en attendant celle qui vous est réservée dans le ciel.

Vous verrez alors se réaliser ces paroles de l'Evangile :

« Cherchez avant tout le royaume de Dieu et sa » justice, et tout le reste vous sera ajouté comme » par surcroît : *quærite primùm regnum Dei et jus-* » *titiam ejus, et hæc omnia adjicientur vobis.* » (1)

La vérité que saint Eloi s'applique surtout à enseigner est une vérité que le monde rejette avec horreur. Il nous apprend que la voie qui conduit à la vie est étroite et entièrement opposée à la voie large qui mène à la mort. La voie étroite est celle que Jésus-Christ nous a tracée par toutes ses actions. Les hommes sensuels inventent mille moyens pour l'élargir et la rendre commode. Ils prétendent aller au ciel sans souffrir la moindre humiliation, sans s'imposer aucune pénitence, sans mortifier leurs sens, sans se faire aucune violence, sans renoncer aux plaisirs tumultueux du monde, sans accomplir tous les commandements de Dieu et de l'Eglise ; en un

(1) Matth. 6, v. 33

mot, ils s'imaginent arriver sûrement en paradis, et jouir sur la terre de toutes leurs aises et de toutes les commodités de la vie. N'est-ce pas là le comble de l'aberration ?

Saint Eloi s'efforce, et par ses exemples et par ses paroles, de détruire des illusions si funestes et qui perdent tant d'hommes. Il inspire à ceux qui l'ont pris pour patron l'amour de la pénitence, le détachement du monde. Il leur recommande de servir Dieu en esprit et en vérité, de vivre selon les maximes de l'Evangile, de renoncer à eux-mêmes, de comprimer leur propre cœur, de marcher sur leurs passions comme sur un char de triomphe, de surmonter le lâche respect humain, de fouler aux pieds les fausses maximes du monde, de s'opposer aux scandales comme un mur d'airain, de remplir avec une fidélité inviolable tous les devoirs de chrétien, de vaincre toutes les difficultés, de s'animer d'un zèle toujours plus ardent, malgré toutes les disgrâces, et de porter avec un courage invincible la croix de Jésus-Christ.

Il n'y a que cette noble générosité qui conduit à la gloire éternelle.

O hommes, qui lirez cette vie de saint Eloi avec attention, vous rougirez de votre lâcheté passée, vous tremblerez sur le sort terrible qui vous attend, et vous commencerez une vie nouvelle.

Il ne suffit pas d'honorer les saints, il faut encore les invoquer. Or, pour les invoquer avec fruit, il est bon de se servir des paroles mêmes de l'Eglise. C'est pourquoi, après chaque vie, nous donnons la prière qui s'adresse à chaque saint.

Pour s'assurer d'être exaucé, on doit, non-seulement invoquer les saints, mais encore s'efforcer de les imiter. C'est là le point le plus important, mais le plus difficile

Parmi les mille prétextes sous lesquels on cache

sa lâcheté, on en allègue un qui est très-commun et extrêmement funeste.

On ne cesse de répéter :

« Il suffit d'être honnête homme. »

Pour combattre ce préjugé, qui cause la perte de tant d'âmes, nous terminons cet opuscule par un sermon pour la Toussaint, sur ce dicton populaire :

« Il suffit d'être honnête homme. »

Combien nous nous estimerons heureux si nous parvenons à désabuser tant d'hommes qui s'aveuglent volontairement, et leur faire comprendre qu'il faut être vrai chrétien avant tout !

Nous déclarons, comme dans nos autres ouvrages, que nous soumettons cette Vie de saint Vincent et de saint Eloi, ainsi que le discours préliminaire et le sermon pour la Toussaint à l'autorité ecclésiastique, et que nous sommes disposés à rectifier tout ce quelle pourrait y trouver d'inexact.

De plus, nous attestons que nous ne rapportons aucun fait qui ne se trouve dans les écrivains que nous indiquons.

La Vie de saint Eloi, surtout, est comme une révélation, tant elle est peu connue et tant elle à été dénaturée. C'est la Vie d'un des plus grands hommes d'Etat de France et d'un des plus grands Saints de l'Eglise.

On doit aussi voir là une étude historique du VIIe siècle fort importante.

VIE

DE

S. VINCENT, DIACRE, MARTYR

ET PATRON DES VIGNERONS

CHAPITRE Ier.

Race illustre de saint Vincent. — Plusieurs villes se disputent l'honneur de lui avoir donné naissance. — Sa science et sa piété. — L'évêque de Saragosse, Valère, l'ordonne diacre et lui confie le ministère de la parole.

Tout fut illustre dans Vincent. Son père, qui, s'appellait Euriche, d'autres disent Eutichius était fils d'Agrese, très-noble consul. Sa mère, Enose ou Enole, suivant quelques auteurs, était sœur de saint Laurent. Par conséquent notre saint se trouvait neveu de ce glorieux martyr. Quel heureux présage ! Peut-on trouver, aux yeux de la foi, une origine plus glorieuse ?

Aussi plusieurs villes se disputent-elles l'honneur de lui avoir donné le jour ! Les uns le font naître à Saragosse, en Espagne, d'autres à Valence, ceux-ci à Ruesca. Cette dernière ville prétend qu'il lui appartient, parce qu'elle montre encore sa maison paternelle changée en église.

Son éducation fut encore plus brillante que sa naissance. Il était bien fait. Il s'adonna dès son enfance à l'étude des belles lettres. Mais il fit encore plus de progrès dans la vertu. Il se livrait avec ardeur aux œuvres de piété.

La divine Providence le destinait à devenir un vase d'élection.

Il fut mis sous la conduite de Valère, évêque de Saragosse, qui était également d'une famille distinguée, où l'on avait déjà compté plusieurs pontifes, et qui l'instruisit dans la science divine.

Charmé de ses rares talents, Valère le promut incontinent à l'ordre du diaconat.

Comme il était déjà sur le déclin de l'âge, et qu'il parlait avec peine, il lui confia le ministère de la parole, et le chargea, sans avoir égard à sa grande jeunesse, du soin d'instruire les fidèles à sa place.

Vincent s'acquitta de cette sublime fonction avec beaucoup d'édification pour le prochain et de gloire pour Dieu.

Mais son zèle mérite de briller sur un théâtre plus illustre encore.

CHAPITRE II.

La persécution s'allume —.Valère et Vincent sont arrêtés et'emmenés tous deux prisonniers à Valence. — Dacien les fait comparaître devant lui.

L'année 304 de l'ère chrétienne fut à jamais célèbre.

Le moment solennel du combat approche. Combien Vincent brûle de signaler son courage ! Il a toujours devant les yeux le glorieux triomphe de saint Laurent. Comme il l'envie : il sera bientôt satisfait.

L'empire romain avait pour empereurs deux tyrans cruels, furieux, insatiables du sang des chrétiens. Ils avaient juré d'abolir à jamais le nom du Christ.

Ils avaient un digne ministre de leur haine et de leur impiété en Espagne, en apparence pour la gouverner en leur nom, mais en réalité pour exécuter leurs desseins sanguinaires.

Dacien ne leur cède point en zèle pour les faux dieux, et enrage contre le christianisme.

Ce monstre n'est pas plutôt arrivé à Saragosse, qu'il se met à persécuter cruellement l'Eglise de Dieu. Il livre aux tourments plusieurs chrétiens, invente mille supplices horribles pour ébranler leur constance, et leur fait subir la mort.

Furieux de leur résistance invincible à ses ordres impies, il pense qu'il triomphera plus facilement de tous les sectateurs de Jésus-Christ, en s'attaquant d'abord à leurs chefs, desquels découle une bonne partie de leur courage. Mais c'est là qu'il éprouvera une plus honteuse défaite.

Apprenant que l'évêque Valère et Vincent, son diacre, y tiennent les premiers rangs par l'éminence de leur doctrine et la sainteté de leur vie, Dacien les fait arrêter. Il les tourmente d'abord à Saragosse. Mais il veut instruire leur cause avec plus de loisir ; pour cela il les fait conduire à Valence chargés de fers. Les deux confesseurs de la foi font le chemin à pied. Ils ont beaucoup à souffrir par les fatigues du voyage, par la pesanteur de leurs chaînes et par les mauvais traitements de leurs conducteurs.

Mais ce ne sont encore là que des roses en comparaison de ce qui les attend.

Arrivés à Valence, ils sont jetés dans une prison infecte, dans un vrai cloaque. Ils y demeurent plusieurs jours, accablés sous le poids de leurs fers, privés de nourriture et endurant les tourments de la faim et de la soif. Mais le Dieu pour lequel ils souffrent, vient les consoler dans leur cachot.

Dacien les y garda longtemps. Il espérait amollir leur courage par la rigueur de ces supplices ; mais il fut singulièrement trompé.

Il les fait amener en sa présence. Quelle est sa surprise de les voir tout ensemble et le corps vigoureux et l'âme inébranlable ! Il s'irrite contre le geôlier de leur avoir fourni abondamment tout ce dont ils avaient besoin.

» Est-ce là, dit-il, ce que je vous avais commandé ?
» Il fait beau voir sortir de la prison les ennemis de
» notre empire, ainsi forts et en cet embonpoint ! »

Puis il se tourne vers les martyrs et leur adresse la parole :

« Que me dis-tu, Valère ? Veux-tu obéir aux em-
» pereurs et adorer les mêmes dieux qu'ils adorent ? »

Le saint vieillard répond doucement et fort bas, à

cause de la difficulté qu'il avait à parler, de sorte qu'on n'entendit pas bien ce qu'il dit.

Vincent prenant la parole : « Mon père, dit-il, » qu'est-ce que ceci ? Pourquoi parlez-vous ainsi » entre vos dents, comme si vous aviez peur de ce » tyran ? Parlez haut et clair, afin que tout le monde » vous entende et que la tête du serpent infernal soit » brisée par la force de votre parole. Que si votre » faiblesse ne vous le permet pas, chargez-moi de lui » répondre »

« — Mon cher fils, dit Valère, comme je vous ai » confié la parole de Dieu, je vous charge aussi de » répondre pour la foi que nous soutenons ici. »

» — Que vos dieux, Dacien, dit Vincent, soient » pour vous ! Offrez-leur votre encens et vos sacrifices » d'animaux, et adorez-les comme les protecteurs de » votre empire. Nous autres chrétiens, nous savons » bien que ce ne sont que les ouvrages des mains de » ceux qui les ont façonnés ; qu'ils n'ont ni senti- » ment, ni mouvement, et qu'ils sont sourds à vos » invocations. Nous reconnaissons le souverain Sei- » gneur qui a créé le ciel et la terre par sa seule » volonté, et qui, par sa singulière protection, régit » et gouverne toute la machine du monde. Nous ne » croyons qu'en ce seul Dieu et en Jésus-Christ, son » fils ; lequel, revêtu de notre chair, est mort pour » nous en croix, et afin de reconnaître, autant qu'il » est possible, cet amour et cette mort par notre » mort, nous désirons de répandre notre sang et de » donner notre vie pour sa gloire. »

Ces paroles produisent des effets fort différents. Les chrétiens sont singulièrement consolés et fortifiés ; mais Dacien est transporté de fureur. Il s'apprête à lancer ses terribles décrets.

CHAPITRE III.

Valère est condamné à l'exil et Vincent au chevalet, au gril ardent. — Grande constance de Vincent en son martyre.

Le juge inique monte sur son tribunal et prononce deux sentences : il condamne Valère à l'exil, et Vincent à une horrible question.

Il veut punir ce jeune homme de son audace.

Alors s'engage une lutte incroyable. Le tyran prétend vaincre la constance du lévite à force de tourments, et le lévite entend lasser le tyran par sa patience. C'est là un cartel d'un nouveau genre, et dont toute l'antiquité profane n'offre point d'exemple.

Aussitôt s'avancent les bourreaux, qui dépouillent Vincent de ses habits et l'attachent à un long poteau; puis ils lui lient les pieds avec des cordes adaptées à des poulies. Quand tout est bien consolidé, ils tirent les cordes avec tant de violence, que tous les os du martyr sont disloqués. Durant ce supplice, Dacien lui dit :

« Ne vois-tu pas que tout ton corps est démem-
» bré ? qu'attends-tu davantage pour te soumettre
» à nos dieux ?

Le généreux athlète lui répond d'un visage riant :

« J'ai toujours désiré de souffrir. Crois-moi, Da-
» cien, il n'est point d'homme qui me puisse faire
» un plus grand plaisir que celui que tu me procures
» à présent, encore que ce soit contre ton intention.
» Tu es plus tourmenté que moi de voir que les

» peines que j'endure, ne peuvent me vaincre. C'est
» pourquoi je te prie de ne pas modérer le courroux
» qui te transporte contre moi. Car, plus est grande
» ta cruauté envers moi, plus ma couronne sera glo-
» rieuse. Par là, je satisferai mieux le désir que j'ai
» de mourir pour le divin Sauveur, qui est mort
» pour moi sur la croix. »

Le tyran jette feu et flamme par les yeux, écume de rage, rugit comme un lion furieux. Il arrache les fouets sanglants des mains des bourreaux, et les en frappe eux-mêmes, les appelle lâches, efféminés, sans cœur.

Vincent, regardant doucement Dacien, lui dit :

» Je te remercie de ce service d'ami que tu me
» rends ; tu me venges de ceux qui me frappent, tu
» fouettes ceux qui me maltraitent. »

Le tyran, voyant qu'on se moque de ses tourments, n'en est que plus irrité. Il commande à ses bourreaux de redoubler les tortures, de déchirer tout le corps du lévite avec des harpons et des ongles de fer; ce qu'ils exécutent avec une fureur sans pareille.

Mais comme si le saint n'eût point été de chair, et qu'il n'eut point senti les douleurs, il se raille de ses bourreaux :

« Que vous êtes faibles, leur dit-il ! Que vous avez
» peu de forces ! Je vous croyais plus vigoureux.
» Vos tortures ne sont que des jeux. »

Cependant, ces tortures furent telles, selon saint Augustin, que, sans une force surnaturelle, la nature humaine n'aurait pas été capable de les supporter. Le même Père ajoute que le saint conserva toujours une paix profonde, une tranquillité inaltérable, qui éclataient sur son visage, dans ses discours et dans tous ses mouvements : paix et tranquillité qui étonnèrent les persécuteurs et qui annonçaient visiblement quelque chose de divin. D'un autre côté, Dacien manifestait sa rage et les déchirements de son âme par les agitations violentes de son corps, par des yeux étincelants, par une voix entrecoupée.

Les bourreaux sont las de tourmenter, et lui ne l'est point d'être tourmenté. Ils sont si harassés de fatigue, qu'ils n'en peuvent plus, tandis que Vincent est plein de courage et de joie. Les supplices semblent lui donner de nouvelles forces et même l'inonder de délices.

Il y a un combat opiniâtre entre la rage et la furie de Dacien et la ferveur du saint martyr. L'un s'obstine à faire le mal, l'autre à l'endurer. Mais Dacien est plutôt à bout d'inventer de nouveaux tourments que Vincent n'est las de les endurer.

Désespérant d'ébranler le lévite, Dacien se calme un peu. Il fait cesser les tourments, dans l'espérance que les voies de douceur réussiraient peut-être à la fin.

« Aie pitié de toi-même, dit-il à Vincent, sacrifie » aux dieux, ou au moins livre-moi les écritures des » chrétiens, conformément aux derniers édits qui » ordonnent de les brûler. »

Vincent répond :

« Je crains moins les tourments qu'une fausse » compassion. »

Le tyran, plus furieux que jamais, le condamne à la question du feu, la plus cruelle de toutes. Il croit qu'il va remporter la victoire par un détestable raffinement de cruauté. Il commande aux bourreaux d'étendre le disciple de Jésus-Christ sur une grande couche de fer garnie de pointes, d'allumer dessous un feu vif, et de lui brûler les côtés avec des lames de fer ardentes. Les ruisseaux de sang qui sortent de ses entrailles coulent en si grande abondance, qu'ils éteignent le feu. La chair est déjà toute rôtie, il ne reste que les os déjà noirs et brûlés. Cependant l'intrépide soldat de Jésus-Christ se regarde comme sur un lit de roses et de fleurs, se moque de ses bourreaux et surtout raille Dacien.

Le juge, couvert de confusion et outré de dépit, demande continuellement ce que fait, ce que dit Vincent.

« Il est toujours le même, répondent les bour- » reaux, il persiste toujours dans sa première ré- » solution : on dirait que les tourments ne font » qu'accroître et affermir sa constance. »

Effectivement, le martyr invincible ne perd rien de sa tranquillité. Il se contente de lever les yeux au ciel et de s'entretenir intérieurement avec Dieu par une prière continuelle.

Le cruel tyran frémit de rage de se voir vaincu. Pour avoir le loisir d'imaginer quelque nouvelle torture, il fait ramener le martyr dans la prison, qu'il a semée de têts de pots cassés, et commande qu'on le roule dessus, afin de renouveler ses douleurs dans toutes les parties de son corps.

Mais Dacien sera encore trompé dans ses horribles inventions. Sa confusion ne fera que s'augmenter.

Tandis que le brave lévite est couché sur ce lit de douleur, avec un corps presque mort, mais un esprit toujours vigoureux, et qu'il se prépare à soutenir de nouveaux assauts, Notre Seigneur le regarde avec complaisance du trône de sa gloire, lui prépare de plus grandes faveurs et veut montrer qu'il n'abandonne jamais ceux qui mettent en lui leur confiance. Il l'avait inondé d'une allégresse intérieure dans les tourments et lui avait donné le désir d'en souffrir encore davantage. Il se prépare à combler la mesure de ses grâces, et à lui procurer le moyen de triompher encore plus glorieusement des ennemis de son nom.

Le geôlier et les soldats se croyant commis à la la garde d'un squelette plutôt que d'un homme, s'endorment en toute sécurité. Tout-à-coup une lumière céleste pénètre dans le cachot ; une douce odeur s'y répand ; les entraves se rompent, les têts sont changés en fleurs ; les anges viennent consoler le soldat de Jésus-Christ et chantent avec lui les louanges de Dieu.

Les gardes, entendant cette harmonie céleste, s'éveillent en sursaut, sont saisis d'effroi, croient que leur prisonnier s'est échappé de la prison, regardent par les fentes de la porte, sont éblouis par une lumière éclatante, et sont fort surpris de voir le martyr qui se promène librement en chantant les louanges de Dieu.

Ils s'écrient : « Nous sommes perdus. »

Vincent les rassure et leur dit :

« Je ne m'enfuis point, non ; me voici ; je suis » ici entre mes frères, et je goûte les grâces que » Dieu me fait. Reconnaissez par là la grandeur du » roi que je sers et pour qui je souffre. Etant témoin » de la vérité, allez dire de ma part à Dacien qu'il » invente de nouveaux supplices, car je suis déjà » tout guéri et plus disposé que jamais à en souffrir » davantage. »

Le geôlier fut si frappé de ce prodige, qu'il se convertit sur-le-champ, et reçut ensuite le baptême.

Les soldats qui sont de garde vont trouver Dacien pour lui dire ce qui se passe.

Cette nouvelle est pour Dacien comme un coup de poignard ; il en pleure même de rage.

Pendant qu'il réfléchit en lui-même sur ce qu'il doit faire, les anges chantent autour du saint diacre, et, comme dit Prudence, l'encouragent par ces paroles :

« Courage, invincible martyr, ne crains rien, car » les tourments te craignent maintenant, et ont » perdu contre toi toute leur force. Notre Seigneur » Jésus-Christ a vu tes glorieux combats; il veut déjà

» te couronner comme victorieux. Laisse donc là la
» dépouille de cette faible chair, et viens avec nous
» jouir de la gloire du ciel. »

Les fidèles de la ville ayant entendu raconter ces merveilles, accourent en foule à la prison pour visiter le martyr; ils baisent en pleurant les cicatrices de ses plaies et recueillent son sang dans des linges qu'ils emportent respectueusement chez eux comme un préservatif assuré contre tous les maux.

Le moment du triomphe définitif approche.

CHAPITRE IV.

Mort de Vincent. — Vains efforts du tyran pour faire disparaître à jamais ses reliques. — Le corps de Vincent, exposé aux bêtes, est conservé par un corbeau. — Un autre miracle. — Sa sépulture.

La nuit étant écoulée, Dacien commande qu'on amène le martyr en sa présence. Or, voyant que sa cruauté avait été sans succès, il veut tenter s'il triomphera par la douceur et la ruse de ce cœur invincible qui a surmonté tant de tourments ; il se met à le flatter par de belles paroles :

« Tes tourments, lui dit-il, ont été grands et ex-» cessifs. Il est bien juste que tu te reposes en un bon » lit, et que nous cessions de te faire la guerre. »

Ce n'était ni charité, ni repentir qui faisait ainsi parler le tyran, mais une soif toujours plus insatiable de son sang. Il veut le guérir pour le tourmenter comme de plus belle. Son dessein n'était que de le gagner par les délices, ou, s'il demeurait toujours ainsi dans sa résolution, de le préparer à des tourments plus terribles encore.

Mais on vit alors que les douceurs du monde étaient plus insupportables à notre glorieux martyr que les plus cruelles rigueurs. A peine fut-il étendu sur un lit moelleux, qu'il rendit son esprit à Dieu. On croit que sa bienheureuse mort arriva le 22 janvier 304.

Dacien pensa mourir de dépit. Quittant alors ce masque de douceur qu'il avait pris, il revient à sa brutalité naturelle. Il se propose de se venger sur un corps mort, dont il n'a pu triompher pendant sa vie. Il commande qu'il soit jeté sur un grand chemin, au pied d'une haute montagne, afin qu'il devienne la pâture des oiseaux de proie, des chiens et des bêtes féroces, pour empêcher les chrétiens de l'honorer. Mais Dieu commet un corbeau pour le défendre contre la voracité des animaux farouches. Survient un loup ; le corbeau fond sur lui, se perche sur sa tête, entre les deux oreilles, et lui donne tant de coups de bec dans les yeux, partout, qu'il le fait retourner à sa tanière plus vite qu'il n'est venu.

O souveraine bonté de Dieu, qui défendez ainsi vos fidèles serviteurs !

O toute puissance de Dieu, à qui toutes les créatures obéissent !

Voici deux miracles. Quel est le plus grand ? Un corbeau apporte à manger à Elie affamé ; un autre corbeau famélique ne mange point du corps mort de Vincent, et, qui plus est, ne permet pas aux autres oiseaux de proie, ni aux bêtes farouches d'y toucher.

« O fureur insensée de Dacien, s'écrie saint Augustin ! Le corbeau défend Vincent, le loup le révère, et Dacien le persécute. Il n'a pas honte de s'opiniâtrer dans sa malice, et de se montrer plus cruel envers lui que les bêtes sauvages, qui oublient, en sa faveur, leur cruauté naturelle, et s'efforcent de le défendre (1). »

Dacien, averti de ce qui se passe, se prend à crier comme un frénétique :

« O Vincent, tu triomphes encore de moi après ta mort, et tes membres froids et nus, qui n'ont plus de sang ni de vie, me font encore la guerre ! Non, non, il n'en sera pas ainsi. »

Puis se tournant vers les bourreaux et les ministres de sa rage, il leur commande de prendre le

(1) August. Ser. 13 *de Sanctis*.

corps du saint martyr, de le coudre dans un cuir de bœuf, comme on fait aux parricides, et de le jeter au fond de la mer, afin qu'il soit mangé par les poissons et qu'on ne le voie plus jamais. Il espère, l'insensé, vaincre dans la mer celui qui l'a vaincu sur la terre, comme si Dieu n'était pas le Seigneur d'un élément comme d'un autre.

Les satellites impies prennent le corps, le portent dans une barque, s'avancent si avant en pleine mer, qu'ils ne voient plus que ciel et eau, attachent au corps du martyr une pierre énorme et le précipitent dans les flots. Bien contents d'avoir satisfait au désir du président, ils reviennent à terre.

Mais la puissante main du Très-Haut, qui avait reçu en son sein l'esprit de Vincent, retire aussi son corps des abîmes de la mer, et le pousse si promptement vers le rivage, que les ministres de Dacien l'y trouvent à leur retour, avec la pierre à laquelle ils l'ont attaché. Ils sont si épouvantés de ce prodige, qu'ils n'osent plus toucher au saint corps. Les vagues creusent peu à peu une fosse et le recouvrent du sable de la mer, pour lui donner la sépulture jusqu'à ce qu'il plaise à Dieu d'en disposer autrement.

La volonté divine ne tarda pas à se manifester.

Le saint martyr apparaît en songe à un homme du nombre des fidèles, lui révèle où est son corps et lui ordonne de lui rendre les honneurs de la sépulture chrétienne. Cet homme, craignant la fureur de Dacien, diffère de s'acquitter de ce saint devoir.

Vincent s'adresse à une pieuse veuve, appelée Jonique, lui indique en songe le lieu où est son corps et lui commande de l'enterrer. Cette femme courageuse exécute promptement ce que l'homme timide n'avait osé entreprendre. Elle prend le corps et le met en terre hors des murs de Valence, dans une église qui fut depuis dédiée sous le nom de cet invincible martyr.

Tels sont les combats, les victoires, les couronnes, les trophées du glorieux saint Vincent. Enivré de ce vin qui rend forts et chastes ceux qui en boivent, comme dit saint Augustin, il résista aux tyrans qui voulaient détruire le règne de Jésus-Christ. Il endura patiemment les tortures et même il s'en moqua, tant il était intrépide.

Mais s'il fut fort pour combattre, il ne fut pas moins humble dans sa victoire, sachant bien que ce n'était pas lui qui vainquait, mais la grâce qui vainquait par lui. C'est pourquoi les tourments ne purent l'ébranler, ni le faire fléchir devant Dacien. Par là, il fit voir la force du Tout-Puissant, et apprit au serviteur fidèle à ne pas redouter sa faiblesse, quand il sera question d'exposer sa vie pour l'honneur de son Seigneur. Il se souviendra que ce n'est pas lui qui combat, mais Jésus-Christ en lui (1).

Quand meurent les grands de la terre, les potentats fameux, les héros invincibles, les savants illustres, les persécuteurs furibonds, leurs dépouilles mortelles sont déposées dans la tombe et disparaissent dans la poussière commune. Il n'en est pas ainsi de la dépouille mortelle des serviteurs de Dieu. Comme elle fut le temple du Saint-Esprit, qu'elle fut sanctifiée par la grâce, identifiée à Jésus-Christ par l'Eucharistie, glorifiée par la pratique des œuvres les plus excellentes et immolée pour la gloire de Dieu, elle conserve un germe d'immortalité et une vertu secrète qui opèrent des prodiges. C'est pourquoi dans tous les temps on a rendu aux corps des saints un culte particulier.

C'est surtout le corps de saint Vincent qui a mérité ce culte de dulie.

(1) August. Ser. 13 *de Sanctis*.

CHAPITRE V.

Translations des reliques de saint Vincent. — Honneurs qu'on leur rend. — Miracles qu'elles opèrent. — On invoque saint Vincent pour recouvrer les choses perdues.

On n'a jamais vu dans l'antiquité profane faire l'histoire du corps d'un homme mort. Or, c'est ce que les Bollandistes ont entrepris pour une infinité de saints, et en particulier pour saint Vincent, diacre et martyr. Ils suivent les pérégrinations de ses saintes reliques. Cette histoire du corps mort de Vincent est en quelque sorte plus longue et plus merveilleuse que celle de sa vie. Nous ne pourrons en citer que quelques traits.

D'abord on garda précieusement le lit de fer et les autres instruments qui avaient servi à son martyre (1).

Jamais le triomphe de la grâce ne paraît avec plus d'éclat que dans les victoires des martyrs et dans les vertus héroïques qu'ils firent briller au milieu des tourments les plus horribles. C'est pourquoi on tint tant à conserver tout ce qui y avait contribué, afin de nous apprendre qu'à leur exemple nous devons combattre et contre le démon et contre le monde et contre nous-mêmes, si nous voulons participer un jour à leur couronne. Le ciel souffre violence ; les lâches n'y parviennent point. C'est ce que nous apprennent les moindres objets qui ont servi aux com-

(1) Voyez Prudence.

bats des martyrs. Quelles leçons éloquentes ils nous donnent !

Comme il s'opéra au tombeau de saint Vincent par la vertu de ses reliques beaucoup de miracles, il s'y fit un concours de peuple toujours plus grand.

On ne se contenta pas de venir vénérer ses reliques; mais on voulut en emporter avec soi.

Le roi Childebert, à son retour victorieux des Espagnes, qu'il venait d'affranchir par la force de ses armes de la tyrannie des païens, se contenta, pour toute récompense, d'un bras de saint Vincent et de sa tunique de diacre, comme il est rapporté dans les *Annales de France*. Il bâtit à Paris l'abbaye de Saint-Germain-des-Prés, pour y déposer la précieuse relique et voulut que le glorieux martyr en fût le patron et le titulaire.

Voici une translation plus solennelle.

Vers l'an 864, on transporta les reliques de saint Vincent, de Valence à l'abbaye de Castres, en Languedoc, pour les soustraire à la fureur sacrilége des Maures.

Le moine Aymoin, auteur contemporain, nous a laissé l'histoire de la translation des reliques de saint Vincent à Castres, avec une relation de plusieurs miracles opérés par leur vertu.

On en donna quelques parties à plusieurs villes, entre autres à Metz.

Les dames religieuses du Charme, de l'ordre de Fontevrault, au diocèse de Soissons, obtinrent et conservèrent précieusement comme un riche trésor deux notables ossements, l'un d'un bras et l'autre d'une jambe.

On dit que l'église du Mans se glorifiait d'en posséder le chef, qui fut donné à son évêque, saint Domnole, par le roi Childebert.

Ce qui est infiniment glorieux pour la Champagne, c'est que Vitry-le-François possède actuellement l'avant-bras de saint Vincent, que le roi Childebert avait rapporté de son voyage d'Espagne avec ses authentiques.

Nous ne raconterons pas comment un vicaire de l'église de cette ville put lui procurer une relique si précieuse. Ces détails nous mèneraient trop loin. Il suffit que le fait soit incontestable.

Quelques parties des reliques de saint Vincent éprouvèrent un malheur irréparable.

Ce qui en restait à Castres fut brûlé par les Huguenots, vers la fin du XVIe siècle (1).

Mais nous ne saurions écrire sans douleur l'insigne perte qu'a faite la ville de Dun-le-Roi, en Berri, lorsque, en 1562, les Calvinistes l'assiégèrent et la prirent. Contre la foi donnée, ils pillèrent la petite église de saint Vincent, où le cœur de cet invincible soldat de Jésus-Christ était conservé dans un beau reliquaire d'argent, que Thiébaut, comte de Sancerre, y avait autrefois offert. Car ces misérables, prenant cette précieuse relique, en dérobèrent l'argent et la brulèrent avec ignominie sur la place publique, sans que la très-suave odeur qu'elle exhala vers le ciel pût fléchir les cœurs de ces hommes fanatiques et plus cruels que des tigres.

Mais, bien que les hérétiques aient ravi à la France le cœur de saint Vincent, il ne lui ont pas ôté l'affection envers ce grand saint, puisqu'elle le reconnaît pour un de ses défenseurs ; de quoi font foi tant d'églises qu'elle a consacrées sous son nom, même des cathédrales, comme celles de Mâcon et de Viviers en Vivarais.

A Paris, il y en a deux fort célèbres, savoir : celle dont nous avons déjà parlé, et une autre vis-à-vis de celle-là, et de l'autre côté de la rivière, celle *dite*

(1) Voyez Chastelain, page 378

Saint-Germain-l'Auxerrois, laquelle n'est pas non plus dépourvue de ses saintes reliques.

Donnons le dernier avantage de la dévotion à saint Vincent.

Ce grand martyr est invoqué particulièrement pour recouvrer les choses perdues ou dérobées, comme on peut voir dans l'histoire de la translation des saintes reliques, où le moine Aymoin rapporte plusieurs exemples de cette dévotion (1).

Combien les vignerons doivent se féliciter d'avoir pour patron un saint si illustre et si puissant auprès de Dieu ! Ils ne sauront jamais assez méditer sa vie, l'honorer, l'invoquer, et l'imiter. Par là, ils mériteront de participer un jour à son éternelle béatitude.

(1) Bollandus, *Acta sanctorum*. — Ribadeneira, *les Fleurs des Vies des Saints*, t. I, p 170. — Giry, *Vie des Saints*, t. I. p. 581. — Godescard, *Vies des Pères, des Martyrs et des autres principaux Saints*, t. I, p. 345 — Rohrbacher, *Vies des Saints*, t. I, p. 176.

Prière à saint Vincent, patron des vignerons.

Oremus. Præsta, omnipotens Deus, ut intercedente beato Vincentio et à cunctis adversitatibus liberemur in corpore, et à pravis cogitationibus mundemur in mente. Per Dominum.

Prions :

Faites, ô Dieu tout-puissant, que par l'intercession du bienheureux Vincent nous soyons délivrés des adversités corporelles, et que nous soyons purifiés des mauvaises pensées qui affligent l'âme. Par Notre Seigneur Jésus-Christ, qui vit et règne avec Dieu le Père dans tous les siècles des siècles.

VIE

DE

S. ELOI, ÉVÊQUE DE NOYON,

PATRON DES LABOUREURS, DES ORFÈVRES, ETC.

CHAPITRE Ier.

Saint Ouen, auteur de la vie de saint Eloi. — Lieu de la naissance de saint Eloi. — Pronostic de sa grandeur future. — Son éducation. — Il entre en apprentissage chez un orfèvre de Limoges. — Ses progrès. — Il se rend à Paris — Son premier emploi. — Sa fidélité dans un ouvrage d'orfèvrerie.

Saint Eloi eut un honneur incomparable et presque unique. Sa vie, toute merveilleuse qu'elle est, ne peut être contestée par l'incrédulité. Elle porte avec elle son cachet d'authenticité. Elle a été écrite en trois livres, treize ans après sa mort, par un témoin oculaire de ses principales actions, par son ami intime, qui a vu de ses propres yeux tout ce qu'il a fait de plus rare et de plus éclatant, par un chancelier de France, par un saint qui avait trop de lumières pour se tromper, et trop de bonne foi pour vouloir nous tromper, par saint Ouën, archevêque de Rouen.

Un écrivain qui faisait lui-même des miracles est bien croyable, lorsqu'il rapporte ceux d'un ami qu'il avait connu si particulièrement.

Il adressa cet ouvrage à un évêque nommé Chrodobert ou Rodobert, et le pria de le corriger. L'évêque répondit qu'il n'y avait rien trouvé à retrancher ni à ajouter, et que l'auteur, en peignant les vertus de saint Eloi, avait fait un portrait naturel des siennes propres.

Saint Eloi est un des plus illustres personnages de la France et en même temps un des plus grands saints de l'Eglise. Il est la lumière, la gloire, la merveille de son siècle. Sa renommée s'accroît d'âge en âge. Que sont auprès de lui tous les hommes célèbres de Plutarque ? Toute l'antiquité profane n'offre aucun sage qu'on puisse lui comparer.

La France ne comprend pas assez toutes les magnificences que renferment ses annales.

Essayons de retracer quelques traits d'un pontife qui éclipse tout ce que nous présentent d'admirable Rome et Athènes.

On ne s'accorde pas sur le lieu de la naissance de saint Eloi. Les uns l'appellent Cadaillac, village à trois lieues de Limoges, les autres Chatelac, à deux leues de la même ville.

Son père se nommait Eucher et sa mère Théorigie ou Terrigie. Ces noms montrent qu'ils sortaient de familles romaines établies dans les Gaules.

Les parents d'Eloi étaient riches, mais surtout vertueux.

Quand Dieu se prépare à donner au monde un homme qui doit jouer un grand rôle, il l'annonce ordinairement par quelque pronostic. Il donna un présage merveilleux de la sublimité de la vocation de l'enfant qui allait naître.

Théorigie étant enceinte, eut une vision qui l'épouvanta. Elle vit en songe un aigle qui vint par trois fois voler au-dessus de son lit et l'appeler par son nom. Un prêtre, qu'on ne connaissait pas, l'assura qu'elle accoucherait d'un fils qui serait comme un aigle, qui, par son rare savoir et l'éminence de ses vertus, s'élèverait au-dessus de son siècle, et rendrait à l'Eglise d'immenses services.

Théorigie fut singulièrement consolée de cette prédiction.

C'est en l'an 588 qu'elle met au monde ce fils, qui est appelé à de si hautes destinées. Elle lui donne un nom qui les révèle, les signifie. Elle veut qu'il s'appelle *Eligius*, Eloi, élu de Dieu.

Tout son soin, c'est de seconder les desseins du ciel. Elle ne tarde pas longtemps à mettre son fils sous la conduite de maîtres habiles, qui lui inspirent avant tout la piété, et qui le forment dans les belles lettres.

Cet enfant de bénédiction répond à la tendresse vigilante de sa mère, fait en tout des progrès étonnants et surpasse même les espérances.

Son père, qui avait peu de goût pour les lettres, et qui remarquait en lui une adresse singulière pour les ouvrages des mains, le retire des études et le met chez un orfèvre de Limoges, nommé Abbon. C'était le maître de la monnaie de cette ville.

Il jouissait d'une grande réputation pour son industrie, sa probité, son amour de la religion. L'état d'orfèvre était alors beaucoup plus honorable encore qu'il ne l'est de nos jours.

Mais Dieu sait toujours arriver à ses fins.

Eloi devient en peu de temps très-habile dans son art. Ses vertus le rendent plus admirable encore. Il se fait aimer de toutes les personnes qui l'entourent par sa franchise, sa prudence, sa douceur, sa modestie. Son bonheur, c'est d'obliger.

Le sourire erre toujours sur ses lèvres. On dirait qu'un fleuve d'éloquence coule de sa bouche. Jamais on ne vit un jeune homme plus aimable.

Il se distingue plus encore par sa piété que par

toutes ses qualités de l'esprit et du cœur. Il fait ses délices de la prière.

Oui, la prière est son grand trésor, comme dit saint Chrysostôme : *Preces magnus thesaurus* (1).

Sa vie est un sacrifice continuel de prières. C'est par là qu'il vivifie toutes ses actions, qu'il leur donne un prix infini. Comme Daniel, Eloi est un homme d'oraison rempli de bonnes pensées et de saints désirs : *Daniel vir desiderium* (2). C'est là le principe de toute sa sainteté future.

Avec quelle exactitude il assiste aux offices divins ! Avec quel soin il grave dans sa mémoire les oracles de la sainte Ecriture ! Avec quelle avidité il écoute les instructions ! Comme il les médite ! Comme il s'en pénètre tout en travaillant des mains ! Il en fait la règle unique de sa conduite.

Un si brillant chandelier ne pouvait rester longtemps sous le boisseau.

Eloi se rend à Paris pour se perfectionner dans son art et fait connaissance avec Bobbon, trésorier de Clotaire II. Bobbon était en même temps le trésorier général de France, ou ce qu'on appelle aujourd'hui le ministre des finances.

Eloi travaille chez lui à son état d'orfèvre ; c'est là son premier emploi à Paris.

Le monarque franc, qui aimait la magnificence, désirait qu'on lui construisît un siége ou un trône d'or, orné de pierreries. Mais on ne trouvait point d'ouvrier assez habile pour exécuter son plan, tel qu'il l'avait conçu.

Bobbon, qui avait déjà mis Eloi à l'épreuve, le proposa au roi en lui vantant son habileté. Le prince

(1) Chryst. Hom. 30, in Genes.

(2) Daniel, 10, 8 11.

est enchanté de rencontrer un ouvrier capable d'accomplir tout ce qu'il lui commanderait.

Le grand trésorier lui présente Eloi. C'est un jeune homme d'une taille élevée, d'un visage noble, d'un regard doux, au teint vermeil, dont la chevelure est richement fournie et frisée, dont les manières sont distinguées, et qui montre au dehors les vertus de son âme. Le roi est charmé de sa belle tenue, conçoit de lui une haute estime.

Il se dit en lui-même : « C'est là vraiment un élu » de Dieu. »

Il lui fait délivrer par poids autant d'or, d'argent, de pierreries, qu'il est nécessaire pour faire le chef-d'œuvre qu'il médite en lui-même depuis si longtemps.

Comme Dieu se sert des vaines pensées des hommes pour accomplir ses desseins !

Eloi travaille avec une activité extrême, déploie tout son génie et surtout a recours à la prière.

Quelle heureuse surprise il prépare à Clotaire !

Quand son ouvrage est terminé, il le présente au roi. Ce monarque ne peut se lasser d'admirer la perfection, la délicatesse du travail. Il n'a encore rien vu de semblable. Mais son étonnement est au comble, quand Eloi lui apporte un second siége en tout pareil au premier. La matière s'était divinement multipliée entre ses mains, de sorte que chacun des deux ouvrages pesait entièrement l'argent qu'on lui avait livré.

Clotaire, ravi de ce prodige, désire avoir en sa maison un jeune homme si accompli.

Eloi va déployer sur ce nouveau théâtre des vertus plus admirables encore.

CHAPITRE II.

Eloi évite de faire un serment. — Il est nommé maître de la monnaie et fait de belles châsses. — Il se préserve des vices de la cour. — Son esprit de pénitence — Il obtient de Dieu l'assurance du pardon de ses péchés. — Il se dégage, ainsi que son compagnon, des vanités du monde. — Ses liaisons avec Dagobert. — Sa charité envers les captifs. — Ses austérités.

Quand le soleil parait sur l'horizon, il s'avance sans s'arrêter dans les immensités de l'espace, et lance des rayons toujours plus vifs. Eloi s'apprête à fournir une carrère encore plus glorieuse.

Il donne un grand exemple de délicatesse de conscience.

Avant de l'admettre en son palais, Clotaire veut l'obliger à lui prêter serment sur les reliques des saints, selon la coutume de tous les autres officiers de sa maison. Eloi s'y refuse par le respect qu'il porte au serment et aux reliques des saints.

« Prince, lui dit-il, Dieu me défend de jurer,
» mais il me commande de vous être fidèle : cela
» doit me suffire, et Votre Majesté peut être assurée
« que je lui serai fidèle jusqu'à la mort. »

En disant ces mots, il ne peut retenir ses larmes.

Le roi est touché. Admirant ses scrupules, il ne veut pas le presser davantage. Cependant il ne laisse pas de l'accepter et lui donne une place honorable parmi ses serviteurs.

Il le nomme maître de la monnaie, et on voit encore son nom sur plusieurs monnaies d'or qui furent frappées à Paris sous les règnes de Dagobert Ier et de Clovis II, son fils (1).

Le crédit, dont Eloi jouissait à la cour, ne l'empêcha point d'exercer sa profession. Il la porta même à sa perfection.

Il orna avec magnificence les tombeaux de saint Martin de Tours et de saint Denis, évêque de Paris.

Il se plaisait surtout à faire de belles châsses pour les reliques des saints. Ce fut lui qui exécuta les châsses de saint Quentin, des saints Crépin et Crépinien, de Soissons, de saint Lucien, de saint Piat, de saint Germain de Paris, de saint Séverin, de sainte Geneviève, de sainte Colombe, etc.

Par là, il mérita qu'on fit aussi une châsse pour ses propres reliques.

Comme il était chargé de l'argenterie du roi, il se plaisait à lui faire de belles pièces de vaisselle.

Mais il ne se mettait jamais à l'ouvrage qu'il n'eut un livre devant lui, pour s'entretenir avec Dieu pendant que ses mains travaillaient.

Ce qu'on ne peut assez admirer, c'est sa retenue à la cour. Il sut se préserver des vices qui y règnent ordinairement. Il se retirait des mauvaises compagnies, fréquentait les gens de bien. Il forma la résolution de mener une conduite encore plus austère qu'auparavant.

Il commença par faire à un prêtre une confession générale de tous les péchés de sa vie passée. Il s'enfermait tous les jours une ou deux heures dans son cabinet : il pleurait amèrement, s'imposait de fortes pénitences pour des fautes légères, formait des oraisons jaculatoires pour s'en servir dans les occasions. Il fit un recueil des plus beaux passages de Job. Voici ceux qui lui étaient les plus familiers :

(1) Voyez l'*Hist. des Monnaies*, par Le Blanc, p. 50, 54, et Fleury, l. 37, n. 28.

« Souvenez-vous, Seigneur, que ma vie n'est
» qu'un souffle et un peu de vent. Pardonnez-moi,
» mon Dieu, car mes jours ne sont qu'un pur néant.
» Qu'est-ce que l'homme pour que vous daigniez
» vous occuper de lui ? »

C'est par ces élévations de son âme vers Dieu qu'il ranimait sa ferveur, mortifiait les mouvements de l'orgueil, et se maintenait au milieu de la cour en la présence de Notre Seigneur, sans qu'on s'en aperçût.

Il poussa encore plus loin la mortification.

D'abord, quand il paraissait à la cour, il portait de riches vêtements, quelquefois des étoffes de soie, qui étaient alors fort rares, des ceintures tissues d'or et de pierres précieuses, des manteaux brodés d'or, des bourses pendantes et ornées d'or et de pierreries. Mais sous ces habits splendides, il cachait un rude cilice. Quand il se fut donné plus parfaitement à Dieu, il renonça à toutes les pompes mondaines, en faveur des pauvres, ne porta plus que des vêtements simples et grossiers ; il ne craignait pas même de paraître en public ceint d'une corde.

Le roi lui donna quelquefois ses propres vêtements ; mais tout ce qu'il recevait était converti en aumônes.

Il faut que les âmes les plus pures passent par des épreuves. Eloi va subir la plus terrible, la plus poignante.

D'autres saints y ont été soumis, et ils ont séché de douleur.

Les mondains ne la conçoivent pas ; mais ils n'en sont que plus à plaindre.

Eloi fut longtemps travaillé d'une grande peine d'esprit Il se croyait du nombre des réprouvés. Le démon lui soufflait sans cesse que, quoi qu'il fît, il devait déchoir enfin de la grâce divine, et qu'il n'obtiendrait point le pardon de ses fautes. Dieu permettait cette tentation pour l'humilier, accroître le mérite de sa patience, et épurer l'or de ses héroïques vertus. Peut-on concevoir un supplice comparable à ce supplice ? Quoi que je fasse, je suis damné ; je serai englouti dans un abîme de feu ; je serai à jamais séparé de Dieu ; je serai condamné à le haïr, à le haïr d'une haine parfaite, d'une haine éternelle. Cette pensée ne doit-elle pas causer une peine extrême à toute âme qui aime Dieu ? Qui peut dire dans quelle angoisse Eloi est plongé ? Inquiet sur son sort éternel, avec quelle ardeur il demande à Dieu de lui faire connaître par quelque marque sensible que ses péchés soient pardonnés !

S'étant endormi après cette prière sur un lit dont les draps sont des haires, il entend une voix distincte qui lui dit :

« Eloi, tu es exaucé, et l'on te donne le signe » que tu demandes. »

S'étant réveillé en sursaut, il sent son âme dégagée de ses angoisses ; il aperçoit une liqueur suave qui coule des reliques suspendues au plancher et qui remplit la chambre d'une odeur céleste, marque de la consolation divine qu'il reçoit alors.

Une faveur si singulière le pénètre d'une vive reconnaissance.

Il en fait confidence au chancelier Dadon ou Ouën, son ami, pour qui il n'avait rien de caché, en lui recommandant néanmoins de n'en parler à personne qu'après sa mort.

Ce prodige fit tant d'impression sur ce jeune courtisan, qu'il renonça sur-le-champ aux vanités du monde, se mit à suivre les exemples d'Eloi, se lia d'amitié avec lui, ainsi que son frère Adon. Tous trois n'eurent plus qu'un cœur et qu'une âme.

Qu'elle est belle, admirable, invincible, consolante, l'amitié des saints!

C'est depuis cette époque que les progrès d'Eloi dans la vertu deviennent plus étonnants.

Il éprouva en 628 une perte qui lui fut fort sensible ; c'est celle du roi Clotaire, qui passa à un monde meilleur.

Mais Dagobert, après le décès de son père, prit Eloi tellement en affection, qu'il se dérobait souvent aux splendeurs de la cour pour converser avec lui. Le saint lui donnait de salutaires avis, qui servirent beaucoup à le retirer de ses débauches et à le ramener à la vertu.

Cette bienveillance du roi lui attira l'envie et la haine. Il y eut des courtisans qui tentèrent par leurs calomnies de noircir sa réputation. Mais leurs impostures ne servirent qu'à relever son mérite et à faire briller sa vertu d'un plus vif éclat.

Eloi se distingua surtout par une grande charité envers les pauvres, les étrangers, les pèlerins, les malades, les prisonniers.

Son biographe et son ami se servait d'une belle comparaison pour nous en donner une idée. Les pauvres *affluaient autour de lui comme les abeilles à un rayon de miel*. Aussi, quand des étrangers demandaient où il demeurait, on leur donnait une indication fort touchante :

— « Allez dans telle rue, et à l'endroit où vous
» trouverez une foule de pauvres, c'est là son domi-
» cile. »

Son bonheur était d'avoir des pauvres à sa table. Il ne prenait jamais son repas qu'il n'en eût plusieurs à ses côtés ; il les servait lui-même, et ne mangeait que leurs restes.

Il exerçait un autre genre de charité plus excellent encore.

Il rachetait les captifs et les esclaves. Quand il apprenait qu'on devait vendre des esclaves en quelque endroit, il y courait ; il en achetait quelquefois trente, cinquante, jusqu'à cent, surtout des Saxons, qu'on vendait alors comme des troupeaux de moutons. Il allait les attendre à la descente du bateau qui les amenait à Paris ; et si l'argent venait à lui manquer, il donnait ses meubles, sa ceinture, son manteau, jusqu'à ses souliers.

Il mettait ensuite le comble à sa générosité.

Il conduisait ces esclaves en présence du roi, leur faisait jeter par terre chacun un denier pour les affranchir solennellement, leur donnait à chacun une charte de liberté, suivant l'usage des Francs pour mettre en liberté un esclave. Quand il les avait ainsi affranchis, il leur donnait le choix, ou de retourner dans leur pays à ses frais, ou de rester à son service, ou bien d'entrer dans quelque monastère. Il avait un soin spécial de ceux qui prenaient ce dernier parti.

Sa charité reçut la récompense qu'il désirait.

Un des esclaves saxons, qu'il avait formés à la piété, parvint même à une vertu si éminente, qu'il est honoré comme saint, sous le nom de saint Théau, le 7 janvier.

Plusieurs de ceux qui entrèrent en religion devinrent de grands prélats, et d'autres endurèrent pour Dieu de glorieux martyres.

Il est nécessaire d'étudier un instant comment ce grand homme parvenait, non pas seulement à civiliser, mais à rendre chrétiens parfaits des esclaves abrutis.

On ne comprend pas assez ce qu'on doit à saint Eloi pour l'abolition de l'esclavage que nous a légué le paganisme, et combien il a contribué à l'extirper en France. Il connaissait surtout le prix des âmes et ce qu'elles avaient coûté à Jésus-Christ.

Plusieurs de ses domestiques chantaient avec lui l'office canonial, le jour et la nuit. On nomme entre eux Bauderic, son affranchi ; Tituen, son valet de chambre, qui était de la nation des Suèves, et qui remporta la couronne du martyre ; Buchin, qui avait été païen, et qui fut depuis abbé de Ferrières ; André, Martin et Jean, qui, par ses soins, devinrent clercs.

C'était plus par ses exemples que par ses paroles qu'il formait ainsi ses domestiques à la piété.

Plusieurs reliques de saints étaient suspendues au haut de sa chambre. Il priait sous ses reliques, prosterné sur un cilice ; il lisait ensuite ; mais il interrompait fréquemment sa lecture, en levant les yeux au ciel, en soupirant et en versant un torrent de larmes. S'il arrivait que le roi le mandât, et qu'il lui envoyât même message sur message, il ne venait point qu'il n'eût achevé ses exercices de piété.

Il avait pour principe : *Dieu avant tout.*

Jamais il ne sortait de sa maison sans prier et sans faire le signe de la croix. La première chose qu'il faisait en rentrant, était de prier.

Il donnait encore un autre exemple à ses domestiques, et par là leur apprenait la sobriété.

Les mondains de notre siècle vont se récrier et faire résonner leur refrain impie :

« C'est une faute, c'est un péché que de faire souf-
» frir la faim à son corps. »

Eloi s'était interdit l'usage du vin et de la viande. Souvent il jeûnait deux ou trois jours de suite, se contentant de pain sec, ne buvant que de l'eau ou du vin détrempé, presque tout corrompu. On ne put jamais le porter à manger de la viande qu'une fois, à cause de certains hôtes. Il couchait sur la terre, couvert d'un cilice, ne prenait que peu de repos et employait le reste de la nuit à lire, à composer et à prier avec une grande abondance de larmes.

S'il était en quelque ville, il se levait la nuit pour visiter les églises.

Sa charité ne connaissait pas de bornes. Non content de faire des aumônes, il servait les malades, faisait lui-même leurs emplâtres, baisait leurs ulcères pleins d'infection. Dieu, en récompense, les guérissait quelquefois, et multipliait l'argent entre les mains de son serviteur, pour lui donner moyen de subvenir à tous les besoins.

Ces vertus secrètes seront le principe de vertus éclatantes aux yeux des hommes.

CHAPITRE III.

Eloi rétablit le bon accord entre Dagobert et Judicaël, duc des bretons. — Il est fait chef des monastères réformés de France.

Que les pensées des hommes sont éloignées des pensées de Dieu !

Eloi tremblait pour son salut au sein des grandeurs du monde. Il ne respirait que le repos, la retraite, le silence, les déserts, la fuite des compagnies.

Il songeait à se retirer secrètement de la cour. Mais Dieu l'en détourna et lui montra qu'il avait d'autres desseins sur lui.

Dagobert chargea Eloi d'une mission fort importante et très-délicate.

Il était extrêmement irrité contre les Bretons, qui troublaient la paix publique par leurs fréquentes incursions et leurs dévastations. Il était résolu de leur déclarer la guerre. Mais avant d'en venir à cette extrémité, il leur députa Eloi pour les avertir premièrement, et puis essayer de régler le différend.

C'est là qu'on vit combien le saint était rempli de l'esprit de Dieu. Il mena cette affaire avec tant de sagesse, qu'il calma Judicaël, duc des Bretons, qu'on appelait encore roi d'Armorique, et l'engagea même à venir à Paris pour apaiser plus efficacement la colère du roi.

Les peuples portaient jusqu'aux nues celui qui venait de les délivrer de maux extrêmes, du terrible fléau de la guerre.

Judicaël, charmé des admirables vertus d'Eloi,

lui fit, à son départ, de grands présents. Mais l'habile et généreux négociateur ne fut pas plutôt de retour à Paris, qu'il les distribua aux pauvres, n'épargnant pas même l'écharpe qu'il lui avait donnée, et qui était toute couverte de pierreries.

Il fut appelé à accomplir une œuvre plus éminente encore.

Il va devenir, sans s'en douter, le restaurateur des monastères.

Dagobert, qui était pénétré pour lui d'une vénération toujours plus grande, le combla de biens. Mais Eloi n'en devint pas plus riche. Les libéralités du roi furent employées au soulagement des pauvres, et surtout à de pieux établissements.

Le premier de ces établissements fut la fondation de l'abbaye de Solignac, à deux lieues de Limoges.

Pour exécuter son dessein, Eloi s'y prit d'une manière fort ingénieuse.

Abordant le roi Dagobert, il lui dit :

« Mon prince, je viens vous demander une grâce.
» Donnez-moi la terre de Solignac, afin que j'en
» fasse une échelle par laquelle vous et moi nous
» méritions de monter au ciel. »

Le roi y consentit volontiers, et Eloi y construisit, en 631, un beau monastère, où il établit la règle de saint Colombon et de saint Benoît, sous la conduite de saint Romacle, qui en fut le premier abbé.

Après avoir doté le couvent, il fit venir des moines de Luxeuil, qu'il laissa sous l'inspection de saint Eustate, abbé de ce monastère. La nouvelle communauté, par son étroite discipline, prospéra singulièrement, devint fort nombreuse en peu de temps, et faisait l'édification publique. On y compta jusqu'à 150 religieux, qui travaillaient à différents métiers, et qui vivaient dans une ferveur admirable. Ce couvent de Solignac devint le chef des monastères réformés de France.

Dans une autre fondation d'un établissement religieux, Eloi donna l'exemple d'une délicatesse de conscience qu'on ne saurait trop avoir devant les yeux dans ce siècle de convoitise du bien d'autrui. Que de procès désastreux on éviterait !

Dagobert donna à son favori une belle maison, près son palais, à Paris. Eloi voulait d'abord y fonder un hôpital ; mais il changea de résolution, et en fit un monastère de filles. Il les dota si richement, qu'il fut suffisant pour entretenir trois cents religieuses, qui menaient une vie angélique, sous la conduite de sainte Aure, venue par inspiration divine d'Orient à Paris. Comme ce monastère était trop étroit pour ce grand nombre de saintes filles, Eloi obtint du roi une cour adjacente qu'il disait ne contenir que tant de pieds. Mais en ayant trouvé un de plus, il se prit à pleurer, se jeta aux pieds du roi, et s'offrit à la mort pour expier sa faute.

Cette délicatesse de conscience charma toute la cour.

Dagobert surpris et édifié, récompensa sa vertu en doublant sa première donation. Quand Eloi se fut retiré, il dit à ses courtisans :

« Voyez combien sont exacts et fidèles ceux qui » suivent Jésus-Christ ! Mes ducs et mes officiers me » volent tous les jours sans scrupule de grands do» maines, et ce serviteur de Dieu tremble d'avoir » un pouce de terrain qui m'appartienne. »

Il arriva dans ce monastère un évènement extraordinaire. Quand sainte Aure mourut, elle appela cent soixante religieuses, qui moururent avec elle, pour jouir en même temps de leur céleste époux.

On admirait l'esprit de foi dont Eloi était pénétré quand il visitait un monastère.

En entrant, il se prosternait aux pieds des moines, demandait leur bénédiction, les servait au réfectoir, et, en récompense de cette faveur, il leur distribuait beaucoup d'aumônes.

Rien n'est plus admirable que le résumé que saint Ouen nous fait de ses vertus :

« O très-saint et très-parfait serviteur de Dieu,
» s'écrie-t-il, que les évêques se sont fait une gloire
» particulière d'imiter, et qui possédait dans l'état
» de laïque les plus éminentes vertus de l'épiscopat.
» En effet, quels nus n'a-t-il pas revêtus? quels af-
» famés n'a-t-il pas nourris ? quels affligés n'a-t-il
» pas consolés ? quelles familles ruinées n'a-t-il pas
» secourues ? quels pauvres monastères n'a-t-il pas
» entretenus ? et ne se fit-il pas donner permission
» d'enterrer et de faire enterrer les criminels qui
» avaient été exécutés par sentence des juges dans
» toute l'étendue du royaume? »

Enfin, un de ses plus grands désirs était de mourir martyr, afin de signer par son sang la foi qu'il avait au fond de son cœur et de donner par là des marques de l'amour qu'il portait à Jésus-Christ.

Tant de rares vertus devaient nécessairement être accompagnées de grands miracles.

CHAPITRE IV.

Miracles de saint Eloi. — Autorité qu'il a en France. — Les désordres qu'il extirpe.

Voilà la partie merveilleuse de sa vie. C'est là qu'on voit le crédit immense dont il jouissait non plus auprès des rois de la terre, mais auprès du Roi immortel des siècles.

Cependant, on était plus étonné encore de son humilité que de ses miracles. Il avait soin de les attribuer à autrui, de peur qu'on ne l'estimât ce qu'il était.

Il est nécessaire d'en faire connaître quelques-uns. On sera forcé de dire : « Le doigt de Dieu est là : » *Digitus Dei est hic.* »

C'est saint Ouën qui en fut le principal témoin, et qui nous les raconte. Il fait d'abord un sommaire.

Il dit que le saint, par le signe de la croix, rendit la vie aux morts, la vue aux aveugles, l'ouïe aux sourds, la santé aux malades, le marcher aux boiteux, le mouvement aux paralytiques; comme les apôtres, ils leur commandait de se lever. Il forçait les voleurs, par la vertu de ses prières, de rapporter leur larcin et d'en demander pardon. Il ouvrait les prisons quand il en approchait. Les prisonniers venaient l'en remercier et promettaient de mener une meilleure vie.

Donnons quelques exemples.

Il arrive à Strasbourg et fait détacher un pendu. Il ne pouvait souffrir que les corps des chrétiens, quoiqu'ils eussent été punis pour leurs crimes, fussent ainsi exposés aux bêtes et aux oiseaux de proie. Mais il n'eut pas plutôt touché le pendu, qu'il ressuscita. Les parties adverses insistaient pour qu'il mourût de rechef; mais le roi, à la requête du saint, les réprimanda, disant que le criminel avait été assez puni par la mort qu'il avait endurée.

Se trouvant un jour dans l'abbaye de Saint Denis, il aperçoit, près de son sépulcre, un pauvre homme perclus de tous ses membres. Il s'informe du temps et de la cause de son mal, et lui demande s'il n'a pas une ferme croyance que saint Denis peut le guérir. Le malade répond que oui. Saint Eloi prie quelque temps; puis lui commande de se lever, le tire par la main, et le guérit à condition toutefois de n'en dire mot à personne.

Notre saint, passant sur un pont de Paris, un aveugle le conjure de lui faire le signe de la croix sur les yeux. Eloi lui demande s'il ne sait pas le faire, et lui propose de le lui apprendre. Mais l'aveugle continuant ses supplications, le serviteur de Dieu fait ce qu'il désire, et lui rend incontinent la vue.

Il s'y prend d'une singulière manière pour faire restituer à l'église Sainte-Colombe les objets qu'on lui avait volés. Il adresse à la sainte cette prière, ou plutôt cette menace :

« Si vous ne faites rapporter aux voleurs les ornements et l'argent de votre église, je la fermerai si bien que personne n'y viendra plus. »

La nuit suivante, tout fut rapporté. Eloi remercia la bonté divine, et admira la puissance de la sainte.

Il fut un jour entravé dans ses bonnes œuvres; mais sa puissance auprès de Dieu triompha.

Il passait à Bourges pour aller à Limoges; il désirait voir et consoler les prisonniers. Mais les juges, craignant ce qui devait arriver, ne voulurent point le lui permettre; de cette sorte, il ne les délivra point. Mais en revenant de Limoges, il s'approcha des prisons et les ouvrit par sa seule présence. Les prisonniers sortent ; se voyant poursuivis par des sergents, ils s'enfuient vers l'église Saint-Sulpice, qui s'ouvre aussitôt par les mérites du saint. Par là, Eloi les délivra des mains des sergents. Ceux-ci ayant vu le miracle, vinrent lui demander pardon.

Voici un grand prodige dont tout Paris fut témoin, et pour lequel il lui doit une reconnaissance éternelle.

Le feu prit un jour à Paris, et menaçait la ville d'un incendie général. Eloi accourt, s'oppose aux flammes et les rechasse contre le vent, au grand étonnement de tout le peuple, qui lui voua depuis une affection singulière.

Citons encore un miracle éclatant qui fut attribué à saint Martial, et auquel notre saint ne fut pas étranger.

Il bâtit, ou plutôt il répara dans la cité l'église de Saint-Martial, évêque et martyr. Lorsqu'elle fut achevée, il fit apporter avec beaucoup de pompe les reliques du glorieux apôtre du Limousin. Quand les reliques passèrent devant la prison, où sept hommes accusés de crimes étaient renfermés dans les cachots, elles devinrent si pesantes, que celui qui les portait fut obligé de s'arrêter. En même temps les chaînes de ces misérables se rompirent, et les portes des cachots s'ouvrirent d'elles-mêmes avec un grand bruit, ainsi que celles de la prison, pour leur donner la liberté. Ce fut un miracle de saint Martial ; mais on vit bien que saint Eloi l'avait prévu, puisqu'il avait voulu que la procession passât par là, quoique ce ne fût pas le chemin ordinaire.

Quels effets admirables produisirent ces délivrances merveilleuses !

Les prisonniers dégagés de leurs fers accouraient vers Eloi, le remerçiaient et lui promettaient de mener une meilleure vie. Ils tenaient à leur parole. Que d'hommes ramenés ainsi à la vertu, rendus à la société, et pour qui le ciel s'est ouvert !

Que d'autres prodiges ne pourrait-on pas raconter !

Les vertus et les miracles d'Eloi lui donnaient en France une autorité incroyable. Il s'en servait pour combattre tous les genres de désordres.

On ne peut concevoir les services immenses qu'il rendit à son pays. Il y maintint une paix profonde, y fit fleurir les bonnes mœurs, les arts, les sciences, les belles lettres, y porta la civilisation à son plus haut période. Pour comprendre tout ce que sa patrie et même la religion lui doivent, il faudrait établir un parallèle entre la France et l'empire grec, qui était désolé par toutes les fureurs du monothélisme. Oui, saint Eloi a renouvelé la face de sa belle patrie.

C'est ici que se réalisent ces paroles de saint Paul : « La piété est utile à tout : *pietas ad omnia* » *utilis est.* »

Donnons quelques exemples du zèle brûlant d'Eloi pour extirper les vices.

Un hérétique d'Orient vient tout-à-coup répandre le monothélisme dans les Gaules. S'étant arrêté à Autun, il se met à y semer ses erreurs. Eloi l'apprend. Toujours vigilant pour l'intégrité de la foi, il se concerte avec son ami Ouën et d'autres personnages catholiques pour détruire le mal dans son principe; il dévoile cette peste à tout le monde; il ne cesse d'exhorter les évêques, les seigneurs, le roi lui-même à combattre le nouveau fléau qui s'avance. Il veut préserver sa patrie des horreurs qui désolent l'Orient. Cédant à ses instances, le roi convoque un concile à Orléans. Eloi s'y rend. L'hérétique y est cité. Mais c'est un Grec; il est instruit, éloquent, infiniment rusé. Plusieurs hommes doctes l'interrogent; mais il répond avec tant d'artifice, que, lorsqu'on pense le presser de plus près, il s'échappe comme un serpent et revient à la charge avec une nouvelle audace. Enfin, un savant évêque du concile, nommé Salvius, parvient à confondre le novateur, et malgré toutes ses subtilités, le convainct d'hérésie en présence de toute l'assemblée. L'hérétique fut condamné par tous les évêques et chassé de Gaule honteusement.

D'autres ennemis de la foi, qui formaient une troupe d'impies, d'apostats, de blasphémateurs, dogmatisaient dans Paris et cherchaient à séduire le peuple. Eloi les fit également bannir de la ville et expulser du royaume.

Eloi avait une extrême horreur des hérétiques et des schismatiques. Il savait par expérience les maux qu'ils sèment sur leurs pas.

Aussi les poursuivait-il partout, et ne cessait-il par ses discours de mettre les fidèles en garde contre la contagion de la nouveauté. Il leur disait comme saint Paul :

« Gardez précieusement le dépôt de la foi. Fuyez » les profanes nouveautés de paroles et toute doc- » trine contraire qui porte faussement le nom de » science (1). Tenez-vous fortement à l'Eglise catho- » lique, apostolique et romaine, dont la foi est aussi » ancienne qu'elle-même, et aussi étendue que le » monde. »

Quelle eût été sa douleur, s'il eût vu tous les livres hétérodoxes qui, de nos jours, inondent l'univers entier ?

Un mal profond ronge les églises des Gaules. La simonie infecte une partie des pasteurs, surtout depuis le règne de Brunehaut. Eloi et Ouen, de con-

(1) O Timothée ! *depositum custodi, devitans profanas vocum novitates et oppositiones falsi nominis scientiæ.* 1 Tim. 6, v. 20.

cert avec les autres personnages catholiques, tentent d'extirper cette plaie honteuse, qui défigure le corps mystique de Jésus-Christ, et parviennent à faire assembler un concile, qui, appuyé de l'autorité du roi, renouvelle les défenses tant de fois réitérées, d'acheter ou de vendre l'épiscopat.

On porte un décret sévère qui déclare infâmes les simoniaques et les prive de toute dignité.

De quelque côté que le mal se présente, Eloi l'attaque sans balancer. Il ne connaît pas la vile adulation ; il ne tremble pas devant les grands de la terre.

Il exécute toujours très-fidèlement les édits des rois sous lesquels il vit ; mais quand ces édits sont contraires à la justice, il s'y oppose généreusement ; il fait aux princes des remontrances, avec autant d'humilité que de force, et leur donne à entendre que ce n'est pas la révolte, mais l'amour de l'équité qui le fait parler. La France compte-t-elle un homme d'état plus illustre qu'Eloi ? ne surpasse-t-il pas même Suger et tant d'autres ? Que la France était grande et heureuse sous sa direction !

Il pousse encore plus loin sa sollicitude ; il porte ses regards sur Rome ; il voit là l'homme de péché qui veut accomplir le mystère d'iniquité qu'il forme dans son cœur, le méchant qui fait une cruelle guerre aux saints. Quel spectacle affreux frappe ses regards ! Aussi quelles sont ses angoisses ? Il communique ses terreurs aux grands du royaume et surtout au roi Dagobert.

On le charge de remplir une mission importante et fort délicate. On le député pour aller au secours du pape Martin, que les Monothélites, soutenus par l'empereur Constance et par Théodore, gouverneur d'Italie, veulent chasser de Rome ; mais il éprouve une peine cruelle : avant qu'il ne puisse se mettre en route, il apprend que les persécuteurs ont exécuté leur horrible dessein. Le saint pape a même remporté la couronne du martyre. Combien Eloi envie son bonheur !

Sa renommée s'augmente de plus en plus ; son nom vole de bouche en bouche. Rien n'est comparable au grand Eloi. Toute la France a les yeux sur lui comme sur un bel astre qui dissipe les ténèbres épaisses.

Les grands l'honorent, les petits le vénèrent comme leur protecteur, les méchants le redoutent, les gens de bien lui portent une affection non pareille.

Il a édifié le monde par ses vertus et par ses miracles. Il lui reste à l'éclairer par ses paroles. Il faut qu'il monte sur le chandelier.

CHAPITRE V.

Eloi est élu évêque de Noyon. — Sa charité pour les pauvres. — Son zèle pour la conversion des infidèles.

Les vertus d'Eloi vont briller d'un éclat toujours plus vif. Il a déjà surpassé tous les personnages célèbres de l'antiquité dans son art, et comme homme d'Etat ; il doit maintenant prendre rang parmi les Pontifes les plus illustres de l'Eglise, et les saints les plus vénérés.

C'est l'homme de Dieu du septième siècle ; c'est l'*élu* de Dieu par excellence de son époque.

L'idolâtrie régnait encore dans quelques parties de la Gaule et dans les contrées septentrionales de l'Europe. Les païens, surtout dans les districts de Gand et de Courtrai, se montraient tellement farouches, qu'ils ne voulaient pas même entendre la prédication de l'Evangile.

La mort de saint Acaire ou Achaire, arrivée en 639, rendait vacant le siége de Noyon, auquel on avait uni celui de Tournai, en 512, sous l'épiscopat de saint Médard. Ces deux siéges réunis comprenaient la Haute-Picardie, toutes les provinces situées entre ce pays et l'embouchure du Rhin, la Flandre avec le pays d'Anvers, de Gand, de Courtrai. C'était un diocèse immense, mais surtout un champ extrêmement difficile à cultiver.

On pensa que le zèle seul d'Eloi serait capable de remplir une mission si importante et si ardue. On lui donna la préférence des travaux, des épreuves, des dangers.

Si l'épiscopat est un rang aussi terrible qu'éminent, comme dit saint Bernard, la sainteté de sa vie répondra à l'excellence de son état.

Les Pères du dernier concile voulurent donner un modèle d'une sainte élection. Ils nommèrent d'une voix unanime Eloi, évêque de Noyon, et Ouen ou Dadon, chancelier de France, son ami, évêque de Rouen, dont le siége vaquait par la mort de saint Romain.

Clovis II, successeur de Dagobert, son père, aurait beaucoup désiré les conserver auprès de sa personne, à cause des sages conseils qu'il en attendait et des services qu'ils pouvaient rendre à l'Etat; mais il les céda pour le bien spirituel des diocèses dont la conduite leur était confiée.

Le plus grand obstacle se trouva dans l'humilité d'Eloi. Ce serviteur de Dieu tremble à la vue de cette dignité redoutable aux anges mêmes. Il conjure, gémit, verse des larmes, présente mille raisons de son indignité, fait tout ce qu'il peut pour se soustraire au terrible fardeau qu'on veut lui imposer. Contraint de céder à la divine Providence qui l'appelle à cette charge de toute éternité et au vœu des évêques de France, il demande qu'on lui donne au moins le temps de s'instruire des devoirs qu'il aura à remplir.

« — Je désire observer les règles, satisfaire aux canons, n'être sacré qu'après avoir passé par tous les moindres ordres, en avoir exercé les fonctions et avoir mené la vie cléricale. »

Ouen en usa de même.

Eloi fait un voyage au-delà de la Loire, et reçoit successivement les différents ordres et la prêtrise des mains de Déodad, ou Dieu-Donné, évêque de Mâcon.

Les deux amis convinrent de recevoir la consécration épiscopale le même jour. En effet, ils furent ordonnés ensemble à Rouen, le 21 mai 640, le dimanche d'avant les Rogations.

Aussitôt son sacre, Eloi quitte Rouen, se rend à la cour pour prendre congé du roi et s'empresse de partir pour Noyon.

Comme la renommée de sa sainteté est répandue partout, on le reçoit dans cette ville avec des transports de joie. Il surpassera encore sa renommée.

Un proverbe dit : « Les honneurs changent les mœurs. »

Ce proverbe est ici démenti.

La nouvelle dignité d'Eloi, loin de lui faire changer son premier genre de vie, le porte à le rendre plus sévère encore.

De grand maître de la monnaie il devient pasteur, père, pontife. Son vaste diocèse ne peut même suffire à son zèle. On compte peu d'épiscopats aussi laborieux et par là même aussi glorieux. Nous ne pourrons qu'en donner une légère esquisse.

Que fait Eloi ? Il dit, comme plus tard saint François de Sales dans une de ses lettres :

« Je suis résolu de m'employer fidèlement et soi- » gneusement à la gloire de mon Dieu, premièrement » chez moi-même, puis en tout ce qui est de ma » charge. »

Il commence par lui-même. Il redouble de ferveur dans la prière; il comprend qu'il en a plus que jamais un pressant besoin.

Il augmente ses austérités, ses veilles, ses lectures, toutes ses pratiques de piété.

C'est surtout son amour pour les pauvres, les malades, les misérables de tout genre qui s'enflamme de plus en plus.

Oserons-nous, dans un siècle égoïste comme le nôtre, raconter les prodiges inconcevables de sa charité ?

Le saint Pontife aimait la compagnie des pauvres; il aimait à être confondu avec eux. Avec quelle joie il leur rendait les services les plus humiliants! Il quittait quelquefois ses clercs et ses officiers pour s'enfermer avec eux. Il avait un lieu séparé où il les faisait entrer à certains jours, les uns après les autres, pour les laver, leur raser la tête de ses propres mains, les revêtir à neuf. Il leur donnait à manger et à boire, et leur faisait de grandes aumônes. Certains jours de la semaine, il avait régulièrement à sa table douze pauvres qu'il servait de ses propres mains, avec une humilité profonde et avec autant de respect que s'ils eussent été ses maîtres.

C'est surtout aux pauvres malades qu'il prodiguait ses soins et donnait des marques d'une tendresse plus que maternelle, de sorte que les riches et les bien portants leur portaient envie. C'est la réflexion de son ami et de son biographe, saint Ouen.

Il ajoute plus loin ces paroles admirables :

« Je confesse ingénument que je n'ai jamais vu » une telle ferveur et une telle promptitude à se- » courir les membres de Jésus-Christ, ni ouï-dire » que personne ait pratiqué les œuvres de miséri- » corde avec tant d'affection et de persévérance. En » effet, il s'en trouve qui l'exercent quelquefois et » en de certains temps, mais d'en voir qui les con- » tinuent sans jamais se relâcher comme saint Eloi, » c'est ce qui est bien rare et presque sans exemple.»

Combien, par sa conduite, saint Eloi nous apprend que notre vertu doit s'accroître avec les années, et que nous avons tout sujet d'être surpris et enlevés dans le moment que nous nous arrêterons dans les voies de la justice.

Son zèle ne se borne pas à ces œuvres de miséricorde corporelle, il est encore plus ardent pour le salut des âmes.

La première année de son épiscopat est consacrée

à la réforme du clergé, à l'établissement d'une exacte discipline, à la visite du diocèse.

On voit par là que la sagesse, la prudence le conduisent comme par la main. Tout marche avec poids et mesure; rien n'est outré.

Quand l'ordre, la piété règnent dans son diocèse, Eloi songe à travailler à la conversion des infidèles. C'est là le grand combat. Il faut chasser de son empire le prince des ténèbres, le poursuivre jusque dans ses dernières retraites. Quels rugissements il fera entendre!

Jetons un coup-d'œil sur les contrées qui sont encore assises à l'ombre de la mort, et qu'Eloi se dispose à évangéliser.

Saint Amand, sacré évêque régionnaire, en 626, avait planté la foi dans les environs de Gand, sous la conduite de saint Achaire, évêque de Noyon. Dix ans après, saint Omer fut évêque des Morains. Mais la plus grande partie de la Flandre, le Brabant, la Zélande, la Frise, la Suède, le Danemark gémissent encore dans les ténèbres de l'infidélité.

Pour donner plus d'autorité à Eloi et plus d'étendue à son zèle, il fut nommé légat apostolique en France et dans les contrées lointaines que nous venons de désigner.

Peuples du Septentrion, il s'avance le conquérant qui veut vous soumettre à son empire; mais ne tremblez pas : il ne vient point avec le fer et la flamme pour ravager vos contrées; il n'a d'autre étendard que la croix, d'autre bouclier que la patience, d'autre glaive que la parole. Levez-vous, tressaillez d'allégresse. Il vient dissiper vos ténèbres, vous arracher à l'esclavage du démon, vous soustraire à la tyrannie des passions, et vous faire entrer dans la sainte liberté des enfants de Dieu. Il ne veut allumer d'autre incendie que celui de l'amour divin. Oh! qu'ils sont beaux, les pieds de ceux qui vous annoncent la paix, qui vous apportent les vrais biens!

Les païens ne comprennent pas d'abord ce que leur veut Eloi. Ils ont la férocité des bêtes sauvages, et sont à chaque instant prêts à le mettre en pièces. Comme le saint Pontife ne souhaite rien tant que le martyre, il continue à les instruire malgré leurs menaces.

Ses prédications ne sont pas d'un style recherché, mais elles sont simples, familières, pleines de feu. Il tonne contre les vices, exalte la vertu, insiste sur les quatre fins dernières, pour retirer les pécheurs de leurs habitudes perverses. Il emploie tous les moyens qu'une charité ingénieuse peut imaginer.

Les démons furieux excitent quelquefois au milieu du sermon un tel tintamarre par la bouche des possédés, qu'on ne peut plus l'entendre; mais aussitôt qu'il étend la main, il les fait taire et les chasse souvent à la vue de tout le peuple.

Des paysans, poussés par les mêmes démons, viennent pour le massacrer; mais, apercevant la lumière de son visage, ils se mettent à pleurer et lui demandent pardon.

Touchés par ces prodiges, par son éloquence apostolique, par sa vie toute sainte, qui est le plus grand miracle, les barbares commencent par s'adoucir.

Quel spectacle nouveau ils ont devant les yeux! Quand ils considèrent la bonté inépuisable d'Eloi, sa patience invincible, sa douceur, son désintéressement, sa vie frugale, l'austérité de ses habits, ses mortifications, ils sont stupéfaits. Quelle tendresse particulière il témoigne à ceux qui ont refusé le plus longtemps de l'écouter! Quels soins il donne aux malades! Comme il les assiste dans tous leurs besoins! Comme il les console dans leurs afflictions! Ces peuples sont dans l'admiration; ils sont hors d'eux-mêmes. Ils prennent insensiblement des sentiments plus humains; ils veulent imiter de si beaux exemples: ils se convertissent. Ceux qui ont embrassé la foi engagent les autres à venir écouter le prédicateur de l'Evangile. Quand ils l'ont entendu, ils courent abattre leurs idoles; puis ils reviennent et demandent le baptême.

Eloi les éprouve ordinairement une année, avant de leur administrer ce sacrement. Il les instruit avec soin, élève leurs esprits aux choses célestes, adoucit la férocité de leur caractère, leur inspire la paix, la douceur, leur apprend à mépriser ce qu'ils ont tant aimé jusqu'alors, les plaisirs et les biens périssables de ce monde, à renoncer aux inimitiés, aux vengeances, à s'aimer les uns les autres. Toujours il joint la prière, les larmes aux reproches et aux menaces. Sa douceur est sans faiblesse, sa sévérité sans aigreur, son zèle sans dureté.

Les voilà, ces barbares, qui mortifient leurs sens, qui crucifient leur chair, qui répriment leurs passions, qui haïssent le péché, qui meurent à eux-mêmes, qui mènent sur la terre une vie céleste. Ce sont des hommes nouveaux.

Quel spectacle ravissant présente la solennité de Pâques! C'est ce jour-là qu'Eloi baptise les catéchumènes qu'il a instruits et disposés pendant l'année, sans aucune distinction d'âge. Il régénère avec l'eau baptismale une foule d'enfants, d'hommes, de femmes dans l'extrême vieillesse, dont la tête est couverte de neige et le corps tremblant, et les revêt tous de l'habit blanc de néophytes. Quelques-uns meurent aussitôt et obtiennent en peu de temps le salaire de tout le temps de la vie. Ce sont les ouvriers qui arrivent à la onzième heure et qui reçoivent un denier comme s'ils avaient travaillé tout le jour.

Eloi change tous leurs temples en églises et leurs solennités profanes en solennités chrétiennes.

Quand il eut fait renoncer au culte des démons

soumis à Jésus-Christ les habitants des territoires d'Anvers, de Gand, de Courtrai, des Pays-Bas, il marcha à de nouvelles conquêtes. Il évangélisa avec des travaux incroyables les peuples répandus sur les côtes de l'Océan germanique jusqu'aux glaces du Nord, jusqu'à la Frise, la Norvège, le Danemarck, la Suède.

Il établit partout de beaux monastères, qu'il peupla d'un grand nombre de moines. Le renouvellement de ces nations barbares fut si complet, si universel, qu'on eût cru qu'un nouveau soleil et de nouveaux cieux s'étaient élevés au milieu de ces vastes provinces.

A-t-on jamais vu une semblable transformation dans toute l'antiquité profane, dans tous les temps, dans tous les lieux, en dehors du catholicisme ? Parce que ce n'est que dans le catholicisme que se trouvent la vérité et l'esprit de vie.

Eloi ne désespère du salut de personne. Il donne aussi tous ses soins aux pécheurs endurcis et aux chrétiens relaps. Qu'il est admirable, son zèle pour leur conversion ! Il emploie tour-à-tour la douceur et la fermeté, les promesses et les menaces. Semblable à un médecin charitable et à un père tendre, il n'abandonne point les pécheurs opiniâtres; il les traite comme des frénétiques, contre lesquels il ne faut point s'irriter, et qu'il faut guérir malgré eux. Cette conduite pleine de prudence ne l'empêche pas de maintenir les règles de la pénitence et les lois de la discipline ecclésiastique. Avec quelle bonté il reçoit ceux qui viennent confesser leurs péchés ! Comme il pleure avec eux ! Comme il les aide à faire pénitence ! Il ne néglige rien pour rendre solide leur retour à la vertu.

Pour affermir dans la vraie piété tant les anciens que les nouveaux chrétiens, il les exhorte tous à fréquenter les églises, à donner l'aumône, à mettre leurs esclaves en liberté, à pratiquer toutes sortes de bonnes œuvres, à se revêtir des armes de lumière et à persévérer malgré tous les obstacles dans la voie étroite. C'est par la sainteté de leur vie qu'ils doivent se préparer à paraître devant Jésus-Christ, le souverain juge des vivants et des morts.

Il persuada à une multitude de personnes de l'un et de l'autre sexe d'embrasser la vie monastique.

On ne comprend pas assez combien par là il consacra la rénovation morale de tant de peuples barbares.

Le grand Pontife donne aux chrétientés naissantes une organisation complète, stable et permanente. Il veut consolider à jamais son œuvre : il ordonne des évêques pour les diocèses qu'il forme, des prêtres et des ministres inférieurs qu'il distribue dans les paroisses, les remplit tous de son esprit et les embrase du feu de la charité.

Il revient couvert de gloire, comblé de bénédictions, le vainqueur de tant de peuples réputés jusqu'alors indomptables, et sur lesquels Rome, la maîtresse de l'univers, n'avait pu appesantir sa main de fer.

Que vous êtes petits auprès d'Eloi, triomphateurs romains! Vous n'avez dompté les nations étrangères que par la violence, le fer, la flamme, qu'en faisant couler des torrents de larmes, qu'en vous noyant dans le sang, qu'en portant partout la dévastation, qu'en plongeant les peuples dans le désespoir.

Vous montez au Capitole suivis d'une foule innombrable de captifs chargés de fers, et en portant sur le front les anathèmes du monde.

Mais Eloi n'a triomphé que par la douceur, la patience, la parole. Il n'a pas répandu une goutte de sang ; il n'a fait couler que des larmes de joie. Les peuples qu'il a vaincus bénissent leur heureuse défaite, se glorifient d'être soumis au joug de l'Evangile, chérissent leur vainqueur et le portent aux nues.

Oui, Eloi leur a procuré la vraie liberté, qu'on ne rencontre que dans la religion chrétienne ; il leur a apporté les vrais biens, la paix, la prospérité, les bonnes mœurs, le bonheur sur la terre et l'espérance de la bienheureuse éternité. Aussi toutes les bouches ne peuvent se lasser de célébrer ses louanges.

On ne peut rendre l'allégresse avec laquelle le peuple de Noyon se précipite à la rencontre de son pasteur chéri, le félicite de son heureux retour et se jette à ses pieds pour recevoir sa bénédiction.

Le saint Pontife ne songe point à se livrer au repos. Son zéle s'enflamme de plus en plus. Que de merveilles dont nous serons témoins !

CHAPITRE VI.

Saint Eloi découvre les reliques des Saints. — Ses prédications.

Un culte extrêmement consolant et plus glorieux encore pour l'humanité, c'est celui des saintes reliques. Dieu est tellement bon pour ses serviteurs, qu'il ne se contente pas de couronner de gloire leur âme dans le ciel, il veille encore sur leur dépouille mortelle sur la terre, la garde comme la prunelle de l'œil, y attache une vertu secrète, y dépose un germe d'immortalité, et, pour la rendre plus vénérable, s'en sert souvent comme d'un instrument pour opérer des miracles. De plus, il déclare qu'il conserve fidèlement tous les os de ses saints, et ne permet pas qu'un seul soit broyé impunément (1).

Voilà pourquoi l'Eglise, dans tous les temps, s'est empressée de rendre des honneurs aux reliques des saints.

Notre grand pontife se distingue par la vénération profonde qu'il leur porte. Il reçut même de Dieu, comme saint Ambroise, un don spécial pour les trouver.

Il apprend qu'il y a des corps saints qu'on honore, sans savoir où ils sont. Il veut connaître les lieux où ils reposent; il se met en prières, multiplie ses jeûnes et ses aumônes. Par là, il obtient d'être surnaturellement inspiré, et il fait l'heureuse découverte des dépouilles sacrées des martyrs saint Quentin, saint Pla-

(1) *Custodit Dominus omnia ossa eorum, unum ex eis non conteretur*. Ps. 33, v. 21.

ton, saint Piat, de Séclin, dans le Mélanthois, saint Lucien, de Beauvais, saint Crépin et saint Crépinien, de Soissons. Il les dépose dans des châsses magnifiques, qu'il a façonnées de ses propres mains, d'un métal précieux, et qu'il enrichit de pierreries. Ce sont là autant de trésors inestimables.

Pour former d'autres Saints, il bâtit à Tournay un monastère en l'honneur de saint Martin, et deux autres à Noyon.

Ce qu'on ne peut se lasser d'admirer dans Eloi, c'est le soin extrême qu'il met à bien conduire son troupeau. Il visite le Vermandois. Il n'y a pas de paroisse, tant à la ville qu'à la campagne, qu'il n'honore de sa présence, et qu'il n'éclaire de ses discours.

Il sait que la fonction la plus importante du ministère pastoral est la prédication ; il y donne tous ses soins. Il lui semble sans cesse entendre ces paroles de Jésus-Christ : « Allez, instruisez toutes les » nations, *Ite, docete omnes gentes ;* » et celles de saint Paul : « Malheur à moi, si je n'évangélise, » *Væ mihi, si non evangeliso.* » Aussi prêche-t-il souvent ! Sa parole a une force et une énergie merveilleuses.

Il a lu, médité, écrit, prié ; il a demandé à Dieu cette sagesse à laquelle les ennemis de la vérité ne sauraient résister.

Tout parle en lui, la majesté de son port, la modestie de son front qui est un rejaillissement de son âme, son extérieur si mortifié. La douce éloquence coule de sa bouche, comme un fleuve de miel ; puis il élève la voix, comme une trompette, pour réveiller les pécheurs et les avertir du danger où ils sont de se perdre pour une éternité. Quels prodiges ne doit pas opérer sa parole, enflammée par le feu divin de la charité dont il est possédé !

Il a laissé des écrits remarquables, comme il est dit dans le supplément pour divers lieux. (1)

Rien n'est plus curieux, plus instructif que les seize homélies qu'il a composées, il y a plus de douze siècles. Quelques-unes sont révoquées en doute par les critiques, quoiqu'elles ne soient pas méprisables.

Ce qu'on doit le plus considérer, c'est la doctrine. On verra qu'on enseignait au VIIe siècle ce qu'on enseigne au XIXe. Par là, l'Eglise nous apparaît toujours invariable dans le dogme, dans la morale, dans ses pratiques. N'est-ce pas là une œuvre divine ? Toutes les sectes, au contraire, qui se sont détachées de l'Eglise, dans les différents âges, varient sans cesse et sont la variété même, comme elles osent s'en vanter. L'Eglise catholique seule reste immuable comme Dieu lui-même.

Quand nous aurons terminé cette étude, nous continuerons à raconter les faits merveilleux qui ont illustré tout l'épiscopat de saint Eloi.

Chose étonnante ! Un orfèvre, un séculier devient tout-à-coup un prédicateur célèbre, et il convertit des milliers d'âmes.

Mais songeons que cet orfèvre était un grand génie, un homme d'oraison, qu'il était illuminé par une prière presque continuelle, qu'il passait une partie de la nuit à lire, à méditer, à composer. Et que lisait-il ? La Sainte-Ecriture, les ouvrages des Pères de l'Eglise ; il en était tout rempli, avant d'être évêque. La doctrine chrétienne n'était pas pour lui un livre scellé de sept sceaux, comme pour tant d'hommes.

Pendant son épiscopat, il consacrait à la composi-

(1) Vies des Saints traduites des légendes du bréviaire romain et de ses divers suppléments approuvés, p. 734.

tion de ses homélies le temps que les autres donnent au sommeil.

Le saint évêque emprunte souvent des passages entiers de saint Césaire d'Arles, suivant ce qui se pratiquait en France dans ce temps-là. On voit qu'il possède parfaitement l'Ecriture-Sainte, les écrits de saint Cyprien, de saint Augustin et de quelques autres Pères latins. Il s'est formé sur les grands modèles, il aime et entend parfaitement la doctrine de l'Eglise; il s'attache à la tradition, et s'élève au-dessus de son siècle, tant pour le goût des choses que pour le style même.

On doit en dire autant de saint Ouen, son ami. La Vie du saint évêque de Noyon, et généralement toutes les Vies de saints, écrites dans le septième siècle, l'emportent de beaucoup pour l'ordre, le naturel et le style sur les biographies des empereurs romains, écrites par les auteurs profanes, trois ou quatre siècles auparavant.

Entrons maintenant dans quelques détails.

Le saint évêque insiste particulièrement sur les promesses du baptême, sur l'obligation de vivre d'une manière conforme à ce que l'on croit. Il recommande de faire l'aumône, chacun selon son pouvoir, de payer la dîme aux églises, d'apprendre par cœur et de faire apprendre aux enfants le symbole et l'oraison dominicale, de veiller à l'instruction et à la conduite des enfants dont on est parrain, et de pratiquer les autres devoirs du christianisme. Il ajoute :

« Si vous observez ces choses, quand au jour du » jugement vous comparaîtrez devant le juge éternel, » vous direz avec confiance : Donnez-nous, Seigneur, » parce que nous avons donné ; faites-nous miséri- » corde, parce que nous l'avons faite. Nous avons » accompli ce que vous nous avez recommandé ; » donnez-nous ce que vous nous avez promis. »

Le grand pontife combat souvent les restes du paganisme. Hélas, il en existe encore de nos jours, dans ce grand siècle des lumières!

Saint Eloi défend de consulter les devins et les sorciers, d'observer les augures, les éternuments, les jours de la semaine ou de la lune pour se mettre en route ou pour commencer quelque ouvrage; de se déguiser le premier jour de janvier en vache ou en cerf, ou de prendre d'autres figures infâmes ou ridicules; de donner en ce jour-là des étrennes superstitieuses; de faire des danses et des bals à la fête de Saint-Jean ou des autres saints; d'invoquer Neptune, Pluton, Minerve et Diane, ou les génies; de chômer le jeudi en l'honneur de Jupiter; d'allumer des bougies devant les temples, ou devant des pierres, devant des fontaines ou des arbres; de pendre au cou d'un homme ou de quelque animal ce qu'on nomme des amulettes, quand même ils auraient été faits par des clercs, et quoiqu'on prétendît qu'ils ne renfermassent que des choses saintes, même des paroles de l'Ecriture, parce que ces prétendus préservatifs sont moins un remède de Jésus-Christ qu'un poison du diable.

Il existait encore d'autres superstitions. Le saint évêque les attaque avec non moins de force.

Il défend de faire des enchantements sur des herbes, de faire passer des bestiaux par un arbre creux ou par un trou fait dans la terre, de crier pendant l'éclipse de lune, de donner au soleil le nom de Seigneur, et à la lune celui de dame: de dire qu'on sera tel que le destin et l'horoscope l'auront marqué, parce que, dit-il, *Dieu veut que tous les hommes soient sauvés*. Il défend encore de recourir aux sorciers dans les maladies, d'attacher des bandelettes diaboliques aux arbres et aux fontaines pour recevoir la guérison.

« Mais si quelqu'un est malade, continue saint » Eloi, qu'il ne mette sa confiance que dans la misé-

» ricorde de Dieu, qu'il reçoive avec foi le corps et » le sang de Jésus-Christ, qu'il demande à l'Eglise » l'huile sainte, pour oindre son corps, et *la prière » de la foi*, comme dit l'apôtre, *sauvera le malade, » et le Seigneur le soulagera; et il recevra, non-seu- » lement la santé du corps, mais encore celle de » l'âme.* »

Le charitable pontife engage beaucoup ses auditeurs à ne pas laisser pourrir les plaies de leurs péchés, mais à recourir sans délai au remède de la confession, dont il parle souvent.

Ce qu'il dit des anges gardiens mérite d'être remarqué :

» Sachez, dit-il, que chacun de nous a un ange » gardien qui observe continuellement ses actions. » S'il fait le bien, il donne de la joie au saint ange à » la garde duquel il est confié ; s'il fait le mal, il » chasse ce bon ange et s'attache au démon. »

Il exhorte sans cesse les fidèles à prier et à se munir toujours du signe de la croix, dont il montre l'efficacité.

On voit, par ces quelques citations, que sa doctrine est encore aujourd'hui la doctrine de l'Eglise.

La bonté paternelle d'Eloi ne l'empêchait pas de déployer dans l'occasion une fermeté et une puissance d'apôtre. *Il donnait de la verge à celui qui refusait la manne, et du vinaigre à celui qui méprisait l'huile de ses aimables conseils.*

CHAPITRE VII.

Sévérité d'Eloi contre les pécheurs opiniâtres. — Ses miracles. Ses prédictions. — Il construit des monuments religieux.

Dans le monde, on veut un Dieu tellement bon, qu'il pardonne toujours et ne punisse jamais. On ne croit plus même au démon, ministre de ses vengeances. Mais Eloi s'est étudié à confondre ces incrédules; il a voulu montrer que, si Dieu est infiniment bon pour les justes et pour les pécheurs repentants, il est infiniment sévère pour les pécheurs opiniâtres; il a même fait des miracles pour montrer comment la vengeance céleste les atteint même dès ce monde. Il faut que la crainte du Seigneur soit le commencement de la sagesse.

Citons quelques exemples :

Lorsqu'il y allait de la gloire de Dieu, la fermeté d'Eloi n'était pas moindre que sa patience.

Un officier, ou comme on disait jadis, un mignon d'Ebroïn, maire du palais, s'étayant de l'autorité de son maître, voulait usurper un bois qui était du domaine de l'église de Noyon, et traitait fort indignement Eloi pour le forcer de le lui céder. Le saint évêque supporta avec une extrême modération toutes ses injures; mais il refusa constamment de consentir à cette usurpation.

« Mon ami, lui dit-il, vous devriez réprimer votre
» convoitise et rougir de honte devant Dieu et de-
» vant les hommes de désirer, comme vous faites, un
» bien qui appartient à Jésus-Christ. S'il était à moi,

» je vous le donnerais très-volontiers ; mais je ne » puis permettre que vous ravissiez ce qui est des» tiné à l'usage des pauvres. Si vous passez outre, » et si vous vous en mettez en possession, je saurai » bien user contre vous du glaive de l'Eglise, et » vous en retrancher par la sévérité des censures » ecclésiastiques. »

Cet homme ne fait que rire de ses menaces, et, sans s'en mettre en peine, il va pour s'emparer du bois qu'il envie.

Alors Eloi étend la main vers cet opiniâtre, et fulmine contre lui la sentence d'excommunication. Les paroles d'anathême ne sont pas plutôt prononcées, que la justice divine le frappe, qu'il tombe par terre comme mort et ne donne plus aucun signe de vie. On conjure instamment Eloi de prier pour lui obtenir le temps de faire pénitence. Mais saint Ouen avoue qu'il n'a pu savoir s'il le fit en effet, ou si, pour la terreur des impies, il abandonna celui-ci aux rigueurs de la justice divine.

Le grand nombre des prévaricateurs ne l'arrête pas. Il les frappe tous d'un châtiment terrible. On en voit rarement de pareil.

O incrédules, tremblez sur le sort qui vous attend. Si Dieu se montre d'une telle sévérité en ce monde, que sera-ce dans l'autre?

Eloi apprend que, dans une paroisse près de Noyon, on se livre, le jour de la fête de Saint-Pierre, à des danses qui viennent du paganisme ; il s'y rend, et parle avec force contre ces désordres.

Les principaux habitants du lieu, dont plusieurs tiennent à la maison d'Erchenoald, irrités de ce que l'évêque vienne les troubler dans leurs divertissements, qui remontent à un temps immémorial, prennent la résolution de le massacrer, s'il s'avise de s'y opposer de rechef.

Averti de leur complot, Eloi défend à tous les

siens de le suivre, excepté deux clercs et un diacre, se présente, monte sur une éminence devant l'église et tonne avec plus de force que jamais contre les danses diaboliques. La multitude en fureur lui dit des injures, lui fait des menaces, et proteste que jamais il ne l'empêchera de s'amuser comme on a toujours fait. En effet, les jeux recommencent comme de plus belle.

Déjà cinquante des plus insolents s'avancent pour mettre la main sur lui.

Alors, le saint pontife élevant la voix, prononce cette prière devant tout le monde :

« Je vous supplie, Seigneur, de livrer ces auda-
» cieux aux démons, dont ils préfèrent écouter la
» voix que d'obéir à vos commandements ! Qu'ils
» apprennent par leurs tourments à connaître ceux
» dont ils font les œuvres, afin que vos serviteurs
» glorifient d'autant plus votre saint nom. »

A peine a-t-il prononcé ces paroles, que ces cinquante forcenés, qui s'élancent pour le frapper, et parmi lesquels se trouvent plusieurs officiers de la maison d'Erchenoald, maire du palais, sont saisis par les démons, et s'agitent d'une manière épouvantable. La population effrayée, craignant le même châtiment, se jette tout entière aux pieds du pontife, et lui promet de faire, sans retard, tout ce qu'il lui commandera. Eloi rassure la multitude ; mais il ne veut point prier de suite pour les cinquante.

« Laissez-les, dit-il, il faut qu'ils apprennent à
» craindre ceux dont ils ont suivi jusqu'alors les vo-
» lontés. »

En effet, les énergumènes restent toute une année sous la puissance des démons. Ce n'est qu'à la fête suivante de Saint-Pierre, qu'Eloi revient dans le même village ; il les fait amener devant tout le peuple, prie pour eux, leur donne une sévère réprimande, les délive par le signe de la croix et l'eau bénite.

Saint Ouen rapporte encore plusieurs faits de ce genre.

Eloi épargne moins que tout autre les ministres du sanctuaire qui s'écartent de leurs devoirs.

En visitant son diocèse, il interdit une église dont le prêtre était vicieux et donnait beaucoup de scandale. Cet ecclésiastique, se moquant de son interdit, prétend dire la messe et chanter à l'ordinaire les offices divins. Il veut pour cela sonner la cloche, afin d'assembler son peuple ; mais la cloche, plus obéissante que lui, comme si elle eût compris les paroles du saint évêque, ne rend aucun son pendant trois jours et se refuse à convoquer le peuple.

Les paroissiens, touchés de ce prodige, viennent trouver Eloi et lui protestent que leur curé a fait pénitence, et qu'il est résolu de vivre avec plus de piété.

Le charitable pontife, qui ne veut pas la mort du pécheur, mais qu'il se convertisse, se laisse fléchir, lève l'interdit, et permet de célébrer les offices divins comme à l'ordinaire. Alors la cloche se fait entendre et recommence à convoquer les fidèles comme auparavant.

Il fut plus sévère pour un autre prêtre qu'il avait excommunié pour ses fautes. Ce malheureux ayant eu, nonobstant cette censure, la témérité de monter à l'autel, tomba raide mort sur les marches.

On voit par ce châtiment terrible combien Dieu punira sévèrement ses ministres qui, par un attentat sacrilége, auront eu la témérité de dire la messe en état de péché mortel.

Nous ne finirions jamais, si nous voulions rapporter tous les prodiges de cet homme incomparable.

Citons-en cependant encore quelques-uns.

Souvent, par son seul commandement, ou même

par sa seule présence, il obligea le démon de sortir des corps des possédés.

Il punit un jour un avare par où il avait péché.

Un homme querelleur, impatient, cupide, lui faisait tous les jours de grandes insultes pour quelques noix que ses domestiques avaient abattues à son noyer. Malgré la réprimande qu'il avait faite à ses serviteurs, et surtout trois pièces d'or qu'il lui avait données pour le dédommager, rien ne pouvait l'apaiser. Que fait Eloi ? Il se présente devant le noyer, et par sa seule parole, il le rend sec et stérile.

Voici un autre prodige, plus grand encore.

Un de ses officiers étant malade à la mort, Eloi lui ordonne de se lever pour se mettre en voyage avec lui, et à l'instant l'officier se lève en parfaite santé.

Il guérit aussi, par son seul attouchement, un de ses diacres qui avait un mal de côté insupportable et qui le rendait entièrement étique.

Le don des miracles est un don fort excellent ; celui de prophétie l'est peut-être encore davantage.

Eloi fut également favorisé du don de prophétie à un degré très-éminent. Il connaissait les choses éloignées comme celles qui se passaient sous ses yeux ; il voyait l'avenir aussi bien que le présent.

On lui raconte qu'un scélérat, nommé Flavaud, avait mis cruellement à mort un gentilhomme de Bourgogne, très-vertueux, nommé Villebaud ; il dit à ses amis :

« Ce gentilhomme était un vrai serviteur de Dieu,
» et il jouit présentement dans le ciel d'une vie im-
» mortelle. Mais pour Flavaud, il mourra dans dix
» jours d'une mort imprévue et funeste. »

Cette prédiction ne tarda pas à s'accomplir.

Il prédit aussi la mort de Simplicius, évêque de Limoges, et l'élection de Félix, son successeur.

Il annonça assez longtemps d'avance la fin d'Aribert et de Dagobert, rois de France ; la naissance de Clotaire III, qu'il tint sur les fonts de baptême, et le règne des enfants de Clovis, ainsi que leurs succès.

Ce qu'il prédit à un abbé nommé Damnole, est d'une plus haute importance. Il dit à cet abbé, qui était venu le voir, que le démon faisait en son absence de grands désordres dans son monastère. En effet, l'abbé trouva à son retour que douze de ses religieux avaient quitté l'habit, étaient retournés dans le monde, et étaient devenus apostats. Il conjura Eloi de venir à son aide. Le saint pontife ne lui refusa pas son secours. En effet, par ses prières, quelques-uns des moines revinrent au couvent, et furent à l'avenir plus sages et plus fidèles.

La plus éclatante des prédictions d'Eloi fut celle de la mort d'Erchénoald, maire du palais.

Ce seigneur le pria de l'accompagner dans un voyage qu'il faisait pour quelque affaire importante. Eloi accéda à son désir, malgré sa répugnance, parce qu'il prévoyait bien que l'issue n'en serait pas heureuse.

Comme il se promenait la nuit devant la porte de l'hôtel où ils étaient logés, méditant quelques versets des psaumes, il vit descendre du ciel une colonne de feu qui sembla pénétrer avec beaucoup de véhémence dans la chambre d'Erchénoald. Il dit alors à son diacre que ce ministre mourrait bientôt.

En effet, Erchénoald est atteint d'une fièvre violente. Cette fièvre, en peu de jours, le conduit aux portes du tombeau. Dans les ardeurs de la fièvre, il fait appeler Eloi pour se recommander à ses prières, espérant qu'elles lui obtiendraient la santé. Mais le saint pontife lui déclare, sans balancer, qu'il n'a plus que peu de temps à vivre et qu'une chose à faire, c'est de se préparer à bien mourir. Il lui observe que, s'il veut sauver son âme, il faut qu'il exécute avant cette heure ce qu'il n'a jamais voulu faire pendant sa vie : donner aux pauvres tout l'or et tout l'argent qu'il a recueilli sur le peuple par ses exactions injustes, parce que tout ce qu'il en laisserait dans ses coffres ne servirait qu'à sa damnation.

Erchénoald comprend la nécessité de cette restitution ; mais il apporte tant de délai à s'y déterminer, qu'il expire avant d'avoir accompli un conseil si salutaire.

Cependant Eloi fait enlever son corps, et lui donne une sépulture honorable dans l'église de Saint-Quentin, près de Péronne, que saint Fourcy avait fait bâtir avec les grandes aumônes qu'il avait reçues de ce seigneur. En effet, Erchénoald avait paru libéral envers les pauvres et les monastères. Mais que servent les libéralités qui se font des biens pillés sur le peuple, si l'on ne restitue tout ce qu'on a pris, et si on ne le restitue à ceux même que l'on a dépouillés injustement ?

Burelin, dans sa *Gaule flamande*, traite à ce sujet la question, si l'on doit croire qu'Erchénoald soit sauvé ou soit damné ; mais ce n'est pas à nous de sonder cet abîme. Nous devons profiter de son châtiment et des sages avis que saint Eloi lui donna à la mort, et laisser le reste au juste jugement de Dieu.

Le grand pontife s'appliqua à des œuvres qui ont un double mérite de procurer la gloire de Dieu et le salut des âmes.

Outre les églises et les maisons religieuses dont Eloi fut le fondateur et dont nous avons déjà parlé ; il fit bâtir, à Noyon, le monastère de Saint-Martin ; il agrandit celui de Saint-Pierre de Gand, au Mont-Blandin. Il assembla des ermites sur une montagne, à deux lieues d'Arras, que l'on a nommée depuis le

Mont-Saint-Eloi. Il érigea divers oratoires à Aldembourg, Rotembourg et à Bruges. Il consacra, dans cette dernière ville, l'église de Saint-Sauveur, et à Courtrai, celle du monastère de Saint-Martin.

Enfin, il savait si bien engager les rois et les princes à participer à ces œuvres de piété, que beaucoup de monuments religieux ne durent leur érection qu'à ses instances et à ses soins.

La mesure de ses mérites se comble, et la récompense approche. Mais qu'elle sera magnifique !

CHAPITRE VIII.

Eloi donne le voile à sainte Godeberte. — Il prédit sa mort. — Il console ses disciples. — Son âme s'élève dans le ciel, sous la forme d'une étoile croisée. — La reine Bathilde et les princes ses fils assistent à ses funérailles. — La princesse ne peut enlever ses reliques. — Eloi apparaît, après sa mort, à un gentilhomme. — Des miracles s'opèrent sur son tombeau.

Le terme des grandeurs humaines est la mort. Mais c'est à la mort que commence la gloire des saints. Leur tombeau doit être glorieux comme celui de leur divin Maître.

Mais quelle tombe fut environnée de plus d'éclat que celle d'Eloi ? Si sa vie fut merveilleuse, son trépas le fut encore davantage.

Il ne lui reste plus qu'une bonne œuvre à faire. Combien les témoins en furent étonnés ?

Les parents de Godeberte, fille noble du territoire d'Amiens, ne veulent pas la marier sans avoir l'agrément du roi Clotaire III. Eloi, qui est présent, pressent les dispositions de la jeune fille, et il lui met un anneau au doigt, comme pour l'épouser au nom de Jésus-Christ. Godeberte proteste, en même temps, qu'elle n'aura jamais d'autre époux que celui des vierges. Touché de ces saintes dispositions, Eloi lui donne le voile, et le roi lui cède le palais qu'il a à Noyon, avec l'oratoire de Saint-Georges, pour y établir une communauté de douze religieuses.

Godeberte s'y sanctifia par toutes les vertus propres à son état, et Dieu manifesta sa sainteté par plusieurs miracles. Cette vierge chrétienne fit de tels progrès dans la piété qu'elle est honorée comme patronne de Noyon, le onzième jour d'avril.

Elle ne put profiter longtemps des instructions du saint pontife. Comme Dieu lui avait révélé l'heure de la mort de tant de personnes, il ne lui cacha pas la sienne.

Eloi fut favorisé du don de prophétie pour lui-même. Il annonça clairement qu'il touchait au terme de sa carrière.

Se promenant un jour par la ville de Noyon, il remarque une muraille de l'église Saint-Médard qui menace ruine. Il fait aussitôt appeler l'architecte, et lui dit :

« Si on ne remédie pas promptement à ce désastre, » qui est imminent, on ne le fera pas de mon vi- » vant ».

En effet, quelques jours après, il tomba malade d'une fièvre lente.

Qu'on me permette d'établir un parallèle entre Socrate mourant et Eloi sur son lit funèbre, et s'entretenant tous deux avec leurs disciples !

Socrate parle en philosophe, sur l'immortalité de l'âme. Mais quel vague, quelle incertitude, quelle obscurité, quel sot orgueil, quelle vaine jactance, quelle folle confiance dans tout son discours ? Fait-il luire un seul rayon de l'immortalité glorieuse ! Quelles leçons donne-t-il à ses rares disciples ? Quel soin prend-il de leur âme ? Quelle sainte fermeté leur inspire-t-il pour soutenir la grande vérité de l'unité de Dieu ? L'Olympe, l'Elysée font peur !

Il va mourir, le grand philosophe, pour avoir proclamé l'unité de Dieu. Mais voyez quelle honteuse contradiction ! Le voilà qui envoie immoler un coq à Esculape ! N'est-ce pas là démentir toute sa philosophie ? N'est-ce pas là reconnaître le paganisme, et courber les genoux devant d'ignobles idoles ? J.-J.

Rousseau appelle cela la mort d'un sage, Quelle dérision ! Il la compare à la mort de Jésus-Christ ! Quel sacrilége !

Oui, les vertus des sages de l'antiquité profane ne sont que des vertus malheureuses, comme les appelle Bossuet, et dont l'enfer est rempli.

Quel spectacle différent va nous présenter notre saint pontife.

Il est arrivé le moment suprême après lequel il soupire depuis si longtemps. Autant la mort est redoutable pour le mondain, autant elle est consolante pour le juste. Elle vient le délivrer des misères de cette vie, de l'esclavage du démon, de la tyrannie des passions, des séductions du monde, surtout de la crainte d'offenser Dieu ; elle brise les liens de sa triste captivité ; elle lui ouvre le séjour de la gloire ; elle lui montre la récompense infinie qui l'attend.

« Mon âme, s'écrie-t-il comme le prophète, mon » âme tombe en défaillance, à la vue du palais de » mon Dieu : *deficit anima mea, in atria Domini.* »

« J'attends avec confiance la couronne de justice » que j'ai méritée par les bienfaits de votre miséri- » corde, et que vous donnez comme juste juge à » ceux qui vous ont été fidèles. J'espère que, comme » Dieu tout puissant, vous réformerez en moi ce » qu'il y a de mortel, et vous serez tout en moi ».

Eloi est tellement joyeux de voir bientôt face à face son bien-aimé, le désiré des nations, qu'il rassemble ses disciples et ses domestiques pour les consoler. C'est le dernier jour de novembre.

Quel spectacle admirable qu'Eloi étendu sur son lit funèbre ! Que ses dernières paroles sont touchantes ! Oh ! oui, la mort du juste est le soir d'un beau jour.

« Mes chers enfants, dit Eloi, recevez les derniers » avertissements de votre père. Si vous m'aimez » comme je vous aime, efforcez-vous de garder les

» Commandements de Dieu. Que le Seigneur Jésus-
» Christ soit continuellement l'objet de vos désirs ;
» ne soupirez que pour lui ! craignez surtout ses
» terribles jugements. Pour moi, je vais vous quit-
» ter, le Seigneur m'appelle ».

Comme ils ne peuvent lui répondre que par des larmes, il ajoute :

« Ne vous attristez point, mes enfants, vous de-
» vez plutôt me féliciter. Il y a longtemps que je
» soupire après la fin de cette vie, et que je désire
» être délivré des misères de ce monde, dont le poids
» m'accable «.

Il fait ensuite approcher ses domestiques. Comme il les aime ! Comme il a soin de leurs âmes ! Il leur marque divers monastères où ils doivent se retirer après sa mort, pour y travailler à leur salut.

Sur le soir du même jour, il se met à genoux malgré sa faiblesse, et prie affectueusement le Seigneur de donner un bon pasteur à son troupeau. Quelle tendresse, quelle sollicitude pour tous ceux qu'il a enfantés à Jésus-Christ, qu'il a nourris du pain de la parole ! C'est là qu'on reconnaît le bon Pasteur par excellence. Quelle prière touchante ! Elle sera exaucée :

« Je vous prie, divin Pasteur, de donner à ce
» peuple, que je vais quitter, un père selon votre
» cœur, et de l'environner vous-même de votre mi-
» séricorde. Soutenez-le de votre protection, gui-
» dez-le par vos inspirations, et ne cessez point de
» le conduire par la voie de vos Commandements ».

Après avoir pourvu au bonheur de tous ceux qui lui sont chers, il songe enfin à lui-même.

Etant à l'agonie, il recueille ses forces, dit un dernier adieu à ses amis et à ses disciples, les embrasse les uns après les autres, et après avoir prié quelque temps à voix basse, il s'écrie :

« C'est maintenant, Seigneur, que vous laissez

» aller en paix votre serviteur. Souvenez-vous que » vous m'avez formé comme un vase d'argile ; n'en- » trez pas en jugement avec votre serviteur. O Christ! » rédempteur du monde, souvenez-vous de moi : » vous qui seul êtes sans péché. Je remets mon âme » entre vos mains, recevez-la selon votre grande mi- » séricorde. »

En disant ces paroles, il expire à la première heure de la nuit, le 1er décembre, jour auquel on célèbre sa fête, l'an 665, selon la chronique de Sigebert, à l'âge de soixante-dix ans, et dix-neuf ans après sa promotion à l'épiscopat.

Dieu voulut, incontinent, donner une idée de la gloire dont il couronne ses serviteurs.

On vit l'âme d'Eloi monter triomphante au ciel, au milieu d'une grande lumière, et prendre, avant qu'on la perdît de vue, la forme d'un globe de feu surmonté d'une croix beaucoup plus brillante que les rayons du soleil, ce qu'on appelle une étoile croisée, parce que tout le cours de sa vie n'avait été qu'une croix perpétuelle.

On mit aussitôt son corps dans un cercueil ouvert, et on le porta à l'église, où les clercs passèrent le reste de la nuit à chanter des hymnes, et le peuple à verser des torrents de larmes. Le lendemain, il s'y fit un concours prodigieux.

Toute la France déplora sa perte, avec un extrême regret. Ce fut un deuil universel.

La reine Bathilde n'eut pas plutôt appris la maladie d'Eloi, qu'elle partit de Paris avec le roi et les princes ses enfants, et une cour nombreuse. Mais elle n'arriva à Noyon que le lendemain de sa mort. Quelle fut sa douleur de ne pas le voir encore une fois, et de ne pouvoir entendre sa douce voix! Elle baigna son corps de larmes.

Pour se consoler, elle ordonna de le porter au monastère de Chelles, qu'elle avait naguère fait construire. D'autres étaient d'avis qu'on devait enrichir de ce trésor la capitale du royaume. Mais le clergé et le peuple de Noyon s'opposaient à ces prétentions. Ce fut le ciel qui mit fin à toute discussion, par un prodige.

Quand on voulut enlever le corps, par ordre du roi, on ne put ni le soulever, ni le remuer. La reine prescrivit trois jours de jeûne, soit pour fléchir, soit pour connaître la volonté céleste.

Mais au bout de trois jours de pénitence, le corps demeura toujours tellement pesant qu'il fut impossible de le mouvoir. La reine Bathilde mit elle-même la main à l'œuvre, pour s'assurer du miracle. Tous ses efforts furent inutiles. Le pasteur persista à rester au milieu de son troupeau.

Pour soulager sa douleur, la reine découvrit la face du saint évêque et la baisa avec une tendre piété. Alors, quoiqu'il fût mort depuis plusieurs jours, et que ce fût en hiver, il coula du sang en abondance de ses narines. La reine et les évêques, qui étaient présents, en trempèrent des mouchoirs pour les conserver comme des reliques.

On se prépara donc à célébrer ses funérailles. On décida qu'il serait enterré à Noyon, dans l'église du monastère de Saint-Leu ou Saint-Loup, qui avait été le lieu le plus ordinaire de ses dévotions, et qui dans la suite prit son nom.

La pompe funèbre fut si magnifique, qu'on n'en avait jamais vu de si illustre dans le royaume. La reine régente suivit le convoi à pied, en versant bien des larmes, et, malgré le mauvais chemin, on ne put la déterminer à monter à cheval. Le roi, les princes, les seigneurs de la cour et quantité d'évêques y assistèrent.

Mais ce qui la rendit plus éclatante encore, ce furent des troupes de captifs délivrés, des pauvres nourris et des veuves entretenues de ses aumônes, qui poussaient des cris lamentables sur la perte qu'ils venaient de faire.

Les miracles qui s'opérèrent à son tombeau, par son intercession, et les chaînes des prisonniers, qui se brisèrent toutes, lorsqu'on les amena devant sa basilique, relevèrent encore infiniment l'éclat de ses vertus et de son crédit auprès de Dieu.

Il faut qu'il y ait tous les genres de merveilleux dans la vie de saint Eloi.

O vous, incrédules !qui dites :

« Quand on est mort, tout est mort; en est-il un » qui soit revenu de l'autre monde, qui nous ait dit » s'il existe, qui nous ait appris ce qui s'y passe » ?

Eloi va vous confondre.

Il veut récompenser la reine Bathilde des honneurs qu'elle a rendus à sa dépouille mortelle, de l'affection si sainte qu'elle lui a toujours portée, des secours qu'elle n'a cessé de lui procurer pour soulager les malheureux.

Il apparaît après sa mort à un gentilhomme de ses amis, le charge d'avertir la reine de quitter le monde et de se retirer à Chelles.

La reine retarde de jour en jour. Mais Dieu la visite par des maladies et des afflictions d'esprit. Bathilde reconnaît enfin la volonté divine, s'y soumet avec joie et change ses atours de reine pour le voile de religieuse. Par là, elle devient sainte et a des autels.

Elle désire témoigner sa reconnaissance à saint Eloi. Après avoir vendu tous ses ornements pour les donner aux pauvres, elle en excepte ses bracelets d'or, dont elle fait faire une croix qu'elle met à la tête du tombeau du bienheureux. Elle fait aussi confectionner, pour couvrir le même tombeau, un dais d'or et d'argent, qu'on nommait *repa*.

Les grands, à son exemple, y offrirent une grande quantité d'or et de pierreries. Comme ces ornements jetaient un éclat très-vif, on les couvrait en Carême d'un linge brodé de soie.

On voit ici la coutume de couvrir pendant les jours de pénitence ce qu'il y avait de plus brillant dans l'église.

Ce qui rendit ce tombeau plus vénérable encore, c'est qu'on s'aperçut qu'il en découlait incessamment une huile sainte, qui avait la vertu de guérir les maladies.

N'est-ce pas là un tombeau plus glorieux que tous les mausolées les plus magnifiques des potentats du monde ?

Saint Ouën rapporte plusieurs miracles qui s'opérèrent après la mort de son ami. Il cite encore une seconde vision.

Combien nous en rapporterons dans nos *Soirées merveilleuses !*

Saint Eloi se montra en songe à sainte Aure et l'avertit de sa dernière heure. En effet, la peste emporta, en 666, cette abbesse avec cent soixante de ses religieuses, comme nous l'avons vu.

La prière de saint Eloi pour son peuple, avant sa mort, fut exaucée. Saint Mommolin, premier abbé de Sithiu, fut élu son successeur dans les siéges de Noyon et de Tournai, et il gouverna vingt-six ans ce vaste diocèse.

Donnons encore quelques renseignements sur les reliques de saint Eloi ; c'est une question plus importante qu'on ne pense. Les reliques des saints ne sont-elles pas plus précieuses que tous les trésors ?

Les reliques de notre saint pontife reposent dans la cathédrale de Noyon. Elles lui furent adjugées par arrêt du parlement de Paris, contre les religieux de l'abbaye de Saint-Leu, qui avait pris dès-lors le nom de Saint-Eloi, l'an 1462. Son chef est à Chelles, dans un fort beau reliquaire, avec son calice, qui est d'or et parfaitement bien travaillé.

Plusieurs autres églises se glorifient de posséder quelques parties de ses riches dépouilles, comme Saint-Barthélemy de Noyon, Saint-Sauveur de Bruges, Saint-Martin de Tournai, Saint-Pierre de Douai et la cathédrale de Paris, à laquelle un ossement d'un de ses bras fut donné en 1212, comme il est marqué dans le bréviaire du diocèse.

Disons enfin que ce prélat, l'un des plus illustres de la France, est toujours en grande vénération dans ce royaume, ainsi que dans la Flandre, et qu'on y voit en maints endroits des églises, des chapelles bâties et des confréries établies en son honneur.

Nous sommes loin d'avoir raconté toutes ses belles actions. On peut en lire un plus grand nombre dans les *Annales* de l'église cathédrale de Noyon, par Le Vasseur, doyen de cette église, dans près de cinquante chapitres du tome premier.

Saint Ouen, son historien, atteste qu'il est impossible de décrire tous ses grands travaux, ses miracles insignes, le nombre des infidèles qu'il a convertis, non plus que des pécheurs qu'il a ramenés à une meilleure vie.

Que d'écrivains l'ont célébré ! Pierre de Natalibus, saint Antonin, Vincent, dans son *Miroir historial*, Molanus, ainsi que les martyrologes de Rome, d'Usuard, d'Adon et le vénérable Bède, en font une mention honorable, au premier décembre, qui est le jour de sa fête (1).

Les laboureurs pouvaient-ils choisir pour patron

(1) Ribadeneira, *les Fleurs des Vies des Saints*, t. 2, p. 525. — Giry. *Vie des Saints*, t. 4., p. 468. — Godescard, *Vies des Saints, des Martyrs*, t. 11. p. 464. — Rohrbacher, *Vie des Saints*, t. 6, p. 340. — Croiset, *les Vies des Saints*, p. 1,119.

un saint plus illustre, qui ait plus de pouvoir auprès de Dieu et qui leur donne de plus beaux exemples ?

Prière à saint Eloi.

Oremus.

Exaudi, quæsumus, Domine, preces nostras, quas in beati Eligii confessoris tui atque pontificis solennitate deferimus, et qui tibi digne meruit famulari, ejus intercedentibus meritis ab omnibus nos absolve peccatis. Per Dominum...

Prions.

Exaucez, nous vous en conjurons, Seigneur, les prières que nous vous adressons dans la solennité de votre bienheureux confesseur et pontife saint Eloi, et pardonnez-nous tous nos péchés par l'intercession et les mérites de votre fidèle serviteur. Par notre Seigneur...

SERMON POUR LA TOUSSAINT

SUR CE DICTON POPULAIRE :

IL SUFFIT D'ÊTRE HONNÊTE HOMME.

Vidi turbam magnam, quam dinumerare nemo poterat, ex omnibus gentibus........ Stantes antè thronum.

» Je vis une grande multitude, que personne ne » pouvait compter, de toutes nations...... qui se » tenait devant le trône. » Apoc. 7, v. 9.

Quel magnifique spectacle l'Eglise présente à vos regards, en ce jour ! Elle entrouvre le ciel et nous montre une multitude innombrable de saints de toutes nations, de tout âge, de tout sexe, de toute condition, de tout siècle, de toute langue, qui, depuis l'aurore du monde, ont marché avec courage dans le chemin étroit du salut, et sont parvenus à travers beaucoup de tribulations à la Cité céleste.

Pourquoi l'Eglise nous met-elle sous les yeux une assemblée si imposante ? C'est pour nous apprendre que nous devons non seulement honorer, invoquer les saints, mais surtout les imiter.

Hélas, que de chrétiens n'écoutent plus l'Eglise et refusent de marcher sur les traces des saints !

Parmi les mille prétextes dont ils couvrent leur

lâcheté, il en est un qui frappe sans cesse nos oreilles, qui est le plus futile, le plus universel, le plus funeste, le plus impie, que j'ose même appeler une apostasie. Vous me demandez quel est ce prétexte si déplorable.

Le voici. On dit : « *Il suffit d'être honnête homme.* »

Que de chrétiens ce dicton populaire précipite chaque jour dans l'enfer ! Combien n'est-il pas nécessaire de chercher à dissiper une illusion dont les conséquences sont si épouvantables !

Songez que, dans ce dicton, se trouvent renfermées mille autres erreurs, et le naturalisme, et le rationalisme, et le scepticisme, et le protestantisme, et le matérialisme, et l'athéisme, et tous les blasphèmes ; en un mot, c'est la négation de toute religion, et de Dieu même. N'est-ce pas là la déification de l'homme, l'erreur la plus monstrueuse ?

O Marie, qui êtes la reine de tous les saints, qui vous êtes élancée dans la voie étroite, avec un courage si héroïque, qui avez sacrifié tout ce que vous aviez de plus cher, votre fils unique, et pour votre propre salut, et pour le salut de tous les hommes, aidez-moi à prémunir ces pieux chrétiens contre un prétexte, un préjugé qui cause des maux incalculables, aidez-moi à leur faire comprendre toute la nécessité de travailler à devenir des saints !

Ce langage : *Il suffit d'être honnête homme*, est extrêmement odieux. Ce n'est rien moins qu'une révolte contre Dieu, qu'une insulte aux saints, et qu'une folie. Suivez bien ces trois pensées, et vous frémirez.

1° Ces paroles : *Il suffit d'être honnête homme*, sont une révolte contre Dieu. On imite par là l'ange rebelle, Satan lui-même.

Le Maître suprême nous impose dix commandements ; les trois premiers renferment nos devoirs envers lui, et les sept autres envers les hommes. Or, que fait le mondain en prononçant ces paroles : *il suffit d'être honnête homme ?* il dit à Dieu :

« Je rejette les trois premiérs commandements, et » je n'admets que les sept derniers. Je ne veux rem- » plir aucun devoir envers vous, vous ne le méritez » pas ; je ne m'acquitterai que de mes devoirs envers » les hommes, eux seuls en sont dignes. Je ne vous » obéirai pas, *non serviam.* »

Quelle révolte ! quelle audace !

Jésus-Christ vous dit dans l'Evangile :

« Tu aimeras le Seigneur ton Dieu, de tout ton » cœur, de toute ton âme, de tout ton esprit, de » toutes tes forces. C'est là le premier et le plus » grand Commandement. Voici le second : Tu aime- » ras ton prochain, comme toi-même, pour l'amour » de Dieu. » Voilà la loi et les prophètes (1).

Mais vous lui répondez :

» Moi je ne veux pas accomplir le premier com- » mandement. Je ne veux pas vous aimer. Qu'avez- » vous besoin de mon amour ? Je ne veux aimer que » les hommes. Je n'ai pour vous que de l'indiffé- » rence, du dédain, du mépris, de la haine. Je ne » vous obéirai pas, *non serviam.* »

N'est-ce pas là le langage des démons ? Et n'est-ce pas celui que vous tenez chaque fois que vous dites : *Il suffit d'être honnête homme.*

Le vrai docteur en Israël, Jésus-Christ, vous dit encore dans l'Evangile :

» Celui qui pèche contre un seul point de la loi » est aussi coupable que s'il péchait contre toute la » loi. »

Que lui répondez-vous ? Est-il rien de plus affreux !

« Mais, Seigneur, lui dites-vous, vous vous trom- » pez. Il n'est nullement nécessaire d'accomplir la

(1) Matth. 22, v. 37.

» partie de la loi qui vous concerne, mais seulement » celle qui regarde le prochain. Je m'y entends mieux » que vous. Je vous le déclare : *Il suffit d'être hon-» nête homme.* Mais, quant à vous, je ne vous obéirai » pas : *non serviam.* »

Comprenez-vous, Mes Chers Frères, combien ce démenti donné au Fils de l'Eternel est abominable ?

Entendez-vous la sentence terrible que le divin Sauveur prononce contre tous les hommes ?

« Faites pénitence, car si vous ne faites pénitence, » vous périrez tous : *agite pœnitentiam, nisi enim pœnitentiam habueritis, omnes similiter peribitis* (1). »

Vous vous indignez, mondain, vous protestez contre cette sentence :

« Moi, faire pénitence, dites-vous ? Pour qui me » prend-on ? quel tort ai-je fait au prochain ? que » peut-on me reprocher ? je suis un honnête homme. » Quand je ne serais point allé à la messe tous les » dimanches, quand je ne me serais pas confessé » dans le Carême et que je ne me serais pas appro-» ché de la Sainte-Table à Pâques, quelqu'un en » a-t-il éprouvé du dommage ? Ai-je troublé Dieu » dans sa béatitude ineffable ? Quand j'aurais violé » ses lois, ai-je amoindri sa gloire ? Que lui font et » mes adorations et mes outrages ? Allez, il suffit » d'être *honnête homme.* »

« Retenez-le bien : je ne ferai pas pénitence, je ne « vous obéirai pas, *non serviam.* »

Quelle ironie ! Vous la paierez cher. Ecoutez une autre sentence qui confirme la première :

« Celui qui ne porte pas sa croix après moi, dit » Jésus-Christ, et qui ne me suit pas, n'est pas digne » de moi : *Qui non bajulat crucem suam post me, et » non sequitur me, non est me dignus* (2).

(1) Luc 13, v. 3.

(2) Luc 14, v. 27.

» Mais à quoi me servirait de porter ma croix, » puisque je suis un honnête homme? Ne doit-on » pas, au contraire, suivre les deux penchants de la » nature, satisfaire notre corps qui nous procure » tant de sensations agréables? Faire souffrir notre » corps, la plus douce partie de nous-mêmes, lui » imposer des privations, la faim, la soif, le flageller » comme certains saints, n'est-ce pas une cruauté? » n'est-ce pas être ennemi de soi-même, ruiner sa » santé, et même commettre un péché? Que Jésus-» Christ porte sa croix, qu'il la porte pour moi, si » cela lui plaît! Pour moi, je ne la porterai pas, » quand même je ne serais plus digne de lui. Sachez » que je suis honnête homme, et que cela suffit. » Non, je ne porterai pas ma croix; je ne vous » obéirai pas : *non serviam.*»

N'est-ce pas là une insolence vraiment diabolique?

Pour vous désabuser sur le mérite de vos prétendues bonnes œuvres, Jésus-Christ vous dit :

« Vous ne pouvez rien faire sans moi : *Sine me* » *nihil potestis facere* (1). »

Je n'examinerai pas ce qui se cache souvent sous ce titre fastueux d'*honnête homme*, et ce que peut l'homme, quand il est abandonné entre les mains de sa propre faiblesse. Je veux croire que vous êtes, dans toute l'acception du mot, un *honnête homme*.

Mais Jésus-Christ vous déclare que si vos œuvres ne sont pas animées par la grâce, ni enflammées par la charité, ce ne sont plus que des œuvres mortes. Ne vous faites pas illusion : vos œuvres, dont vous vous targuez tant, ne sont plus que des vertus malheureuses, comme dit Bossuet, dont *l'enfer est rempli*.

« Peu m'importe, répondez-vous! Rien au monde

(1) Joan. 13, v. 5.

» ne m'en fera faire davantage. Je brave et la foudre » vengeresse, et tous les supplices de l'enfer. Je vous » le répète : il suffit d'*être honnête homme.*

« Oui, vous aurez beau dire, beau faire, beau me- » nacer ; je ne vous obéirai pas : *non serviam.* »

N'est-ce pas là le comble de l'orgueil, de l'impiété, de la fureur la plus insensée ?

Pour triompher de toutes vos résistances, Jésus-Christ vous présente sa crèche, sa vie laborieuse, ses misères, ses privations, ses persécutions, les douleurs inexprimables de sa passion, tous les prodiges de son amour pour vous. Du haut de la croix il vous dit :

« Mon fils, je meurs pour toi ; donne-moi ton » cœur : *fili, præbe cor tuum mihi.* »

Mais vous, mondain, que lui répondez-vous ?

« Vous fûtes trop bon de mourir sur la croix pour » moi. Je ne veux rien faire pour vous. Je ne vous » donnerai pas mon cœur ; je le donne aux hommes ; » je ne veux plaire qu'aux hommes ; je ne veux rien » faire que pour les hommes. Je vous le déclarerai » toujours : *Il suffit d'être honnête homme.*

» Malgré tous les prodiges de votre amour, je ne » vous obéirai pas : *non serviam* »

Peut-on imaginer une plus noire ingratitude, une révolte plus horrible ?

2° Non-seulement ce dicton : *Il suffit d'être honnête homme*, attaque, outrage le Maître suprême, il est encore une insulte aux saints.

Qu'ont fait les saints ? Ils ont d'abord rempli tous leurs devoirs envers Dieu ; puis ils se sont acquittés de leurs devoirs envers les hommes. Mais ne croyez pas que les premiers aient nui aux seconds ! Au contraire, plus les saints ont aimé Dieu, plus ils ont aimé les hommes. Plus ils furent fidèles aux commandements de Dieu, plus ils se sont portés à soulager les hommes.

O saint Vincent ! O saint Eloi ! O saint Vincent-de-Paul, et tant d'autres, n'avez-vous pas surpassé en œuvres de charité tous les philosophes, tant anciens que modernes ! Trouvera-t-on parmi tous les honnêtes hommes du monde un seul qui ait égalé le dernier des héros de la charité que le catholicisme a formés.

Mais vous, mondain, quelle est votre audace ? Vous dites aux saints :

« Vous, Vincent, vous fûtes un insensé de vous » être laissé rôtir sur un gril ardent, pour la gloire » de Jésus-Christ. Tout cela est inutile : *Il suffit » d'être honnête homme.*

» Vous, Eloi, vous fûtes un insensé de vous être » imposé tant de mortifications et d'avoir été prêcher » les païens, avec des travaux incroyables, jusque » sur les glaces du Nord. A quoi sert tout cela ? *Il » suffit d'être honnête homme.* »

Quoi, mondains, vous vous croyez plus d'esprit, plus de jugement, plus de sagesse, plus de prudence, plus de science que tous les saints ! Vous les regardez comme des aveugles, des imbéciles ! Vous vous imaginez que vous êtes seuls éclairés de la vraie lumière ! Comprenez-vous quelle injure vous faites par là aux saints ?

Mais les saints vont vous confondre ; car c'est précisément ce que vous blâmez en eux qui fut le principe de leur gloire et de leur bonheur.

Entendez-vous les anges qui viennent féliciter saint Vincent de s'être laissé rôtir sur un gril, pour Jésus-Christ, et qui lui annoncent que la couronne de l'immortalité est suspendue sur sa tête.

Voyez-vous l'âme de saint Eloi qui s'élève triomphante au ciel, sous la forme d'une étoile *croisée*, parce qu'il a aimé la croix ?

Vous citerai-je saint Pierre d'Alcantara ? Il ne fut pas un adorateur des plaisirs charnels, mais des mortifications. Loin de se faire un dieu de son ventre, comme les mondains, il a crucifié sa chair avec ses vices et ses convoitises.

Regardez-le sur son lit funèbre. Il est favorisé d'une vision miraculeuse et de la présence d'anges.

Il rend le dernier soupir, et sainte Thérèse, quoique fort éloignée, le voit s'élever vers le ciel.

Tout-à-coup lui apparaissant, il lui adresse ces paroles :

« Heureuse pénitence, qui m'as procuré une si grande gloire (1) ! »

Voulez-vous entendre un damné qui vous dira pourquoi il est tombé dans l'enfer ?

Ecoutez le mauvais riche de l'Evangile. Il n'a fait de tort à personne, il ne s'est livré à aucun crime, il a été honnête homme; mais il n'a pas porté sa croix, il n'a pas fait pénitence, il a vécu dans les délices, et il s'écrie :

» Je souffre horriblement dans cette flamme, *crucior* » *in hàc flammâ.* »

Le père Abraham lui répond :

« Souviens-toi, mon fils, que tu as reçu des biens » pendant ta vie (2) ! »

Eh bien, mondains, vous vous écrierez aussi avec amertume, avec désespoir, avec rage :

« Hélas, nous nous sommes donc trompés : *ergò* » *erravimus*. Nous regardions les saints comme des » insensés, et ils étaient les seuls vrais sages. Ils sont » arrivés à la bienheureuse éternité, et nous, nous » sommes tombés dans les abîmes de l'enfer : *ergò* » *erravimus.* »

3° Vous comprenez, mondains, que ce dicton populaire : *Il suffit d'être honnête homme*, est une

(1) Bréviaire romain, 19 octobre.

(2) Luc 16 v. 24.

révolte contre Dieu, une insulte aux anges ; il est par-dessus tout une folie.

Dans tous les temps on ne s'est pas contenté de remplir ses devoirs envers ses semblables, mais partout on a élevé des temples à l'Eternel ; partout on a fixé des jours pour lui rendre les hommages de l'adoration, de la louange, de la reconnaissance, pour fléchir sa colère, pour satisfaire à sa justice, pour implorer sa clémence, pour lui demander ses grâces.

Ecoutez Plutarque :

« Vous pourrez trouver des cités privées de mu- » railles, de lois, de la connaissance des lettres ; » mais un peuple sans Dieu, on n'en vit jamais, » *peregrinantibus multas contingit occurrere urbes ;* » *sine muris, sine studiis litterarum, sine legibus* » *nunquàm autem stat urbs aut oppidum, quibus* » *nullus sit Deus.* »

Il ajoute ces paroles qui sont encore plus fortes :

« Il serait plus aisé de bâtir en l'air une maison, » une ville, que de fonder un état sans religion. »

Platon, le premier philosophe grec, va vous étonner encore davantage :

« L'ignorance de Dieu, dit-il, est pour tous les » Etats un mal plus redoutable que la peste. »

Il développe et confirme sa pensée :

« Attaquer la religion, c'est attaquer les fonde- » ments de la société humaine. »

Mais vous, mondain, vous prétendez, dans le délire de votre orgueil, que tout le genre humain s'est trompé en fléchissant les genoux devant la Divinité, en lui construisant des temples, en lui dressant des autels, en lui offrant des sacrifices, en observant ses lois, en implorant son secours.

Voyez-vous, mondain, tout le genre humain qui se lève, se dresse contre vous et vous crie :

« Il ne suffit pas d'être honnête homme, il faut

» encore connaître, aimer, servir Dieu ; c'est là le » moyen d'aller en Paradis. »

Vous répondez au genre humain :

« Vous vous trompez ; tout cela est inutile : *il » suffit d'être honnête homme.* »

Eh bien ! maintenant, écoutez le comte Joseph de Maistre :

« Ce concert unanime mérite une grande attention. » Car jamais il n'est arrivé à personne de contredire » impunément le bon sens de l'univers (1). »

Or, vous, mondain, par là même que vous le contredites, vous êtes convaincu de folie.

J'ose même vous mettre en contradiction, non-seulement avec Dieu, avec les Saints, avec le genre humain, mais encore avec vous-mêmes. Par là, votre folie deviendra plus évidente encore.

Dans l'ordre temporel, vous ne vous bornez pas à remplir vos devoirs envers vos égaux. Quel empressement ne mettez-vous pas à vous acquitter de vos devoirs envers vos supérieurs, envers les grands, envers les princes qui nous gouvernent ! Mais que sont les potentats de la terre, auprès du Roi immortel des siècles ? Ils sont devant lui comme s'ils n'étaient pas. Quoi, vous rendez tous vos hommages à ces hommes qui n'ont qu'une grandeur éphémère, et vous refusez tout honneur au Tout-Puissant, qui les tient dans sa main comme des vases fragiles qu'il brise à son gré, au Tout-Puissant, à qui vous devez tout ?

Mais savez-vous, mondain, contre qui vous élevez votre front superbe ? C'est contre le souverain Juge des vivants et des morts. Il a vu votre forfanterie ; il a entendu vos paroles arrogantes. Vous ne pourrez pas plus échapper à son jugement qu'à la mort ; il vous citera à son tribunal redoutable ; il

(1) Lettres et opuscules inédits.

saura bien vous forcer d'y comparaître malgré vous. Il lancera sur vous des regards plus foudroyants que tous les tonnerres. Ecoutez les paroles plus effrayantes encore qu'il vous adressera :

« Vous n'avez pas voulu me reconnaître, dans le » temps, moi je ne vous reconnais pas dans l'éter- » nité : *nescio vos.* Vous avez préféré remplir vos » devoirs envers les hommes plutôt qu'envers moi ; » vous n'avez cessé de répéter : *il suffit d'être hon-* » *nête homme.* Eh bien ! que les hommes vous récom- » pensent ! Mais moi je ne vous dois rien, je ne vous » connais pas : *nescio vos.*

» Je ne vous connais pas, *nescio vos.* Parole ter- » rible, s'écrie saint Jérome, qui punit la négligence » des vierges folles : *sufficit virginibus, pro pœnâ,* » *quod ignorantur à sponso* (1). »

Combien ne sera-t-elle pas propre à punir votre insolence !

Mais vous dites à Dieu : « Est-ce que vous nous » avez créés pour nous faire brûler dans l'enfer pen- » dant l'éternité ? »

« Rebelles, vous répond le Maître suprême, est- » ce que je vous ai créés pour que vous m'insul- » tiez, que vous vous moquiez de mes comman- » dements, que vous fouliez aux pieds le sang que » j'ai répandu pour vous sur la Croix, que vous » vous narguiez de mon amour extrême dans le sa- » crement de l'Eucharistie ? Plus ma bonté fut exces- » sive, plus ma justice sera maintenant rigoureuse.

» Pourquoi n'avez-vous pas fait ce qu'ont fait » saint Vincent, saint Eloi et tant d'autres. Est-ce » que vous étiez d'une nature différente ? Est-ce que » vous n'aviez pas les mêmes moyens de vous sanc- » tifier ? Lâches, vous n'avez pas voulu en faire usage.

(1) Hiern. in Matth. 25, v. 6.

» Vous avez refusé de vous imposer la moindre vio-
» lence ; vous n'avez voulu m'obéir en rien.

» Eh bien, éloignez-vous de moi ! Maudits, allez » au feu éternel, *discedite à me, maledicti, in* » *ignum æternum* (1). »

Quelle parole effroyable ! Aussitôt commencent vos tourments inexprimables, qui ne finiront jamais.

Vous comprendrez alors que votre langage : *il suffit d'être honnête homme*, était une révolte envers Dieu, une insulte aux Saints, une folie. Mais il sera trop tard. Combien vous vous maudirez vous-mêmes, pendant toute l'éternité ! Que de torrents de larmes vous répandrez ! Mais tout sera inutile ! Votre malheur sera sans ressource, sans fin.

Ah ! prévenez-le, cet inconcevable malheur. Imitez les Saints. Remplissez, comme eux, tous vos devoirs, d'abord envers Dieu, puis envers votre prochain, malgré tous les obstacles, malgré toutes les révoltes de la chair, malgré tous les murmures de la nature, malgré toutes les maximes du monde, malgré toutes les railleries des impies, malgré toutes les persécutions, malgré tous les sacrifices, malgré tous les assauts de l'enfer, malgré la mort même. Ah ! si vous perdez votre vie, en ce monde, pour Jésus-Christ, il vous la rendra, dans l'autre, glorieuse et immortelle !

Répétez sans cesse ces paroles de saint Paul :

« Quelques peines passagères opèreront en moi » un poids éternel de gloire (2) ! »

O ciel ! O douce patrie ! O cité permanente ! O

(1) Matth. 25, v. 41.

(2) Id enim, quod in præsenti est momentaneum et leve tribulationis nostræ, supra modum in sublimitate æternum gloriæ pondus operatur in nobis. IIa Epist. b. Pauli ad Corinthios, 4, v. 17.

séjour d'une lumière ineffable ! Comment exprimer les sentiments des Saints qui triomphent dans ton enceinte ? Ils voient, ils adorent, ils louent, ils possèdent, ils aiment.

L'âme ravie en extase et sans parole se perd dans un océan de félicité !

Ouvrages du même Auteur

ET COMPTES-RENDUS.

Histoire du bienheureux Jean, surnommé l'*Humble*.
1 vol. in-12, 500 pages, 5 gravures. — Prix : 4 fr.

Voici comment s'exprimait, au sujet de cet ouvrage, le journal l'*Univers*, du 1er juin 1859 :

« On élève des statues aux grands hommes dans les villes qui leur ont donné le jour ou qu'ils ont seulement habitées. On admire, à Strasbourg, la statue du général Kléber ; à Metz, celle du maréchal de Fabert ; à Reims, celle de Colbert, fameux ministre de Louis XIV ; à Château-Thierry, celle de Jean Lafontaine, etc. Ces villes s'honorent en honorant ainsi les citoyens distingués qui sont sortis de leur sein.

» Mais voici un personnage prodigieux, qui surpasse tous les grands hommes que nous venons de citer, qui l'emporte sur tous les héros par ses exploits incomparables, qui fut plus que poète, que savant, que philosophe, que ministre et même que roi, parce qu'il fut parfait chrétien. Il parvint encore à un degré supérieur : il devint parfait religieux. Il mérita un titre unique : on l'appela *Jean l'Humble*. Qui peut comprendre toute la sublimité de ce titre ? Tout cela ne suffit pas encore. Jean fut saint et même thaumaturge. Pendant quatre cents ans, il opéra tant de miracles dans l'église de l'abbaye de Longpont, près Soissons, qu'on accourait en foule à son tombeau, non-seulement de toutes les provinces de France, mais encore de toutes les contrées de l'Europe.

» Mais, par un prodige vraiment diabolique, ce saint personnage, qui fait l'honneur de la chrétienté, était tombé dans un oubli presque complet. Comme nous sommes à une époque de restauration des antiques gloires de la France, en est-il une à laquelle on doive s'empresser davantage de rendre son éclat ?

» Le ministre de l'instruction publique et des cultes, comprenant toute l'importance de l'étude de l'histoire, fait appel aux sociétés savantes et au clergé pour l'aider à composer une géographie générale, pour tirer de l'oubli les plus beaux traits historiques, rappeler les anciens usages et surtout faire revivre les grands personnages. Mais en est-il un qui mérite plus d'être remis en lumière que Jean l'Humble ? Rien n'est comparable à un saint.

Réhabiliter un saint, n'est-ce pas une œuvre qui réjouit le ciel et la terre et qui attire toutes sortes de bénédictions? Chacun ne doit-il pas se faire un devoir d'y contribuer ? N'est-ce pas là ajouter un nouveau lustre à notre belle France ?

» Ce qui doit porter encore davantage à cette réhabilitation, c'est qu'on peut présenter le bienheureux Jean comme un modèle accompli à toutes les classes de la société. Ce pieux seigneur a passé par toutes les phases de la vie. Cet ouvrage sera fort utile aux impies, qui ne blasphêmeront plus ce qu'ils ignorent. Les grands seigneurs y trouveront, soit les titres primitifs de leurs maisons, comme dit Longueval dans son *Histoire de l'église gallicane* (tome XIV, page 470), soit des exemples admirables. Les déshérités de la fortune y apprendront à ne pas tant soupirer après les biens de la terre. Les guerriers intrépides verront dans la personne de Jean la fleur de la chevalerie française. Les jeunes gens se sentiront plus de force pour comprimer leurs passions et fouleront aux pieds le lâche respect humain. Rien n'est plus important pour les instituteurs et les institutrices, les maîtres de pension, les professeurs, que de connaître l'éducation qu'on donnait à la jeunesse dans le Moyen-Age, que de se dégager des ténèbres dont on enveloppe l'histoire depuis trois siècles, et d'avoir devant les yeux un grand modèle de dévouement. Les Frères des écoles chrétiennes verront dans notre saint les vertus humaines et les vertus divines en ce haut degré que saint François de Sales définit *une grande vivacité et promptitude aux actions charitables*. En étudiant de plus en plus ce parfait modèle, les membres des Conférences de saint Vincent de Paul arriveront à ces grandes choses auxquelles les convie le Saint-Père Pie IX. Saint Vincent de Paul donne lui-même pour modèle le bienheureux Jean aux sœurs de la charité. Les Trappistes, dont Jean est le frère. le modèle et la gloire, se sentiront animés à marcher avec plus de courage dans la voie si étroite de l'obéissance, de la mortification, de la patience, de l'humilité. Leurs cœurs s'embrâseront d'un amour toujours plus ardent pour Dieu et pour les hommes. Et vous, prêtres du Seigneur, levez-vous ; car il vous reste un long chemin à faire pour parvenir au sommet de la perfection où s'est élevé ce simple laïque, qui ne voulut devenir que le dernier des religieux, mais qui occupe une place si distinguée dans le ciel.

Pour juger du mérite de ce livre, il suffit de connaître les *précieuses sympathies que cet ouvrage,* comme l'a déjà constaté un journal, *a recueillies dès son apparition.* De savants professeurs assurent « qu'il tiendra un rang distingué parmi les ouvrages hagiographiques du XIXe siècle. » Mgr l'évêque de Soissons l'appelle *une grande étude historique.* Des érudits déclarent qu'ils ont singulièrement goûté le chapitre dix, « où sont réfutées les accusations contre » le Moyen-Age. » Des hommes qui ont consacré leur vie à l'éducation de la jeunesse louent particulièrement les chapitres où est traitée la question de l'éducation à cette époque. Des littérateurs distingués font remarquer que « cette vie est pleine de péripéties, » et ils ajoutent « que » le mouvement et l'intérêt dramatique ne sont pas ses » seuls mérites. M. l'abbé Boitel, en écrivant l'histoire » d'un héros et d'un saint, y a joint des aperçus généraux » et de nombreux et piquants détails sur l'éducation, sur » les mœurs et les coutumes de ces temps. »

M. l'abbé Jules Corblet, dans la *Revue de l'Art chrétien* de mars 1859 (p. 140) considère cet ouvrage sous un autre aspect, par rapport aux magnifiques gravures qui l'ornent : « Maintenant, dit-il, qu'on commence à se lasser des types » païens ou grotesques adoptés depuis longtemps pour les » monuments funéraires, on cherche à s'inspirer des beaux » modèles du Moyen-Age pour les mausolées qu'on élève » dans les cimetières et dans les églises. Le dessin du » tombeau du bienheureux Jean est digne, à ce point de » vue, de fixer l'attention des artistes. »

Il ajoute : « C'est en écrivant de telles vies, fécondes en » détails, que l'on peut rendre sa vraie physionomie au » Moyen-Age, que tant d'écrivains défigurent dans leurs jugements passionnés.... Ce livre présente un grand intérêt ; il est plein de savantes recherches, et il atteint » son double but d'instruire et d'édifier. »

L'*Univers* disait, en recommandant à ses lecteurs la souscription à cet ouvrage : « Tout le monde louera le » sentiment qui porte M. l'abbé Boitel à faire revivre la » mémoire du grand serviteur de Dieu, qui illustra les lieux » dont il est le pasteur, et nous espérons bien que le succès couronnera sa pieuse entreprise. »

Nos prévisions se réalisent : ce livre est déjà fort répandu. Il a sa place marquée dans les bibliothèques de tous ceux qui désirent connaître le Moyen-Age et savoir à quoi s'en tenir sur les accusations dont cette époque est l'objet On le rencontrera surtout dans les bibliothèques paroissiales, et les maisons d'éducation le mettront sur leur catalogue pour les distributions de prix. Nous avons donné le nom du libraire où on le trouve; on peut aussi s'adresser directement à l'auteur, par lettres affranchies. BARRIER.

L'ANGE GARDIEN, N° d'Avril 1859.

Voici un livre, l'*Histoire du bienheureux Jean*, qui, si modeste que soit son titre, n'en sollicite pas moins l'attention. Cette histoire est celle d'un guerrier et d'un saint. Jean, son héros, est issu de la célèbre famille de Montmirail; il naquit en 1165, la même année que Philippe-Auguste, dont il fut l'ami. L'un des plus grands, des plus magnifiques et des plus vaillants seigneurs d'un siècle de vaillance, il prit part aux croisades, s'illustra en maints combats et porta glorieusement l'épée de connétable. Mais, par un rare prodige, quand tout paraissait l'enchaîner aux vanités du monde, comme Paul, sur le chemin de Damas, frappé tout-à-coup par la grâce, il renonce aux splendeurs de la terre et lui, tout-à-l'heure le fier suzerain de tant de fiefs, il va devenir l'humble serviteur de ses serfs et de ses vassaux; puis, quand il aura détruit en lui le vieil homme, il ira frapper à la porte d'une abbaye, où il troquera le heaume et l'épée, la cote d'armes et la lance contre le froc et le cilice, la vaine gloire contre le silence et l'humilité, et il méritera, à force d'abnégation et de vertus, d'être élevé par l'Eglise au nombre de ceux qu'elle propose à l'universelle vénération

Cette vie, on le voit, est pleine de péripéties; mais le mouvement et l'intérêt dramatiques ne sont pas ses seuls mérites. M. l'abbé Boitel, en écrivant l'histoire d'un héros et d'un saint, y a joint des aperçus généraux et de nombreux et piquants détails sur l'éducation, sur les mœurs et les coutumes du Moyen-Age. Ce livre ne pourra qu'exciter au plus haut point l'intérêt du lecteur. Nous le recommandons vivement à nos abonnés. B. D'EXAUVILLEZ.

Compte rendu de la REVUE DES SCIENCES du 15 Janvier 1860.

Un des ouvrages les plus remarquables qui aient paru en 1859, est l'*Histoire du bienheureux Jean*, surnommé l'*Humble*. Il a reçu, dès son apparition, comme l'ont constaté plusieurs journaux, entre autres l'*Univers*, de précieuses sympathies. De savants professeurs assurent qu'il tiendra un rang distingué parmi les ouvrages hagiographiques du XIXe siècle. Mgr l'évêque de Soissons l'appelle *une grande Étude historique*.

Cette histoire du *Bienheureux Jean* est peut-être le point historique le plus difficile à traiter. Ce grand, ce saint personnage était tombé dans un oubli presque complet. Tout même contribuait à le maintenir dans cet oubli, et les historiens de son temps et les jalousies des courtisans, et les antipathies de sa famille, et les fureurs des Huguenots, et les révolutionnaires de 1793, et lui-même. Rien n'était donc plus difficile que de le réhabiliter et de rendre à la France un de ses plus fameux héros, à l'histoire un de ses plus grands personnages, et à l'Eglise un de ses saints les plus illustres. Telle est la tâche si ardue que s'est imposée M l'abbé Boitel, et dont il s'est acquitté avec succès.

Un des plus grands mérites d'un ouvrage, et souvent le seul aux yeux de beaucoup d'hommes, c'est le style. Or le style de l'histoire du *B. Jean* est fort beau. Il a été limé, avec un soin extrême, pendant près de neuf ans. La *Bibliographie catholique* l'appelle un *style pompeux*. C'est là que la langue française paraît dans sa pureté, dans sa force, dans son énergie, dans sa noblesse. Nous n'hésitons donc pas à regarder cette histoire du *Bienheureux Jean* comme un des ouvrages les plus remarquables de notre époque ; il est très-propre à guérir les plaies de la société moderne, et il convient surtout pour l'opposer au torrent des mauvais livres qui déborde de toutes parts. Il ne peut que faire honneur à notre siècle. DE JÉMONVILLE.

La meilleure recommandation de l'*Histoire du bienheureux Jean*, c'est qu'on la lit au grand Séminaire de Soissons, pendant les repas des élèves, et même dans les maisons de Trappistes.

Histoire de Montmirail-en-Brie, faisant suite à **l'histoire du bienheureux Jean ;** 1 vol. in-12, 431 pages, 1 gravure. — Prix : 3 fr.

COMPTE-RENDU DU JOURNAL *Le Monde*, DU 11 AOUT 1862.

M. l'abbé Boitel résume en un seul tome l'*Histoire de*

Montmirail (Brodard, à Montmirail), depuis Jules César jusqu'à nos jours. Dans un moment où la manie des unités nationales est si fort goûtée que chaque province et chaque ville verraient sans regret leur personnalité disparaître pour se transformer en numéros, tout effort qui agit à l'encontre de cette manie doit être encouragé. Le classique amour de la patrie, renouvelé des Grecs et des Romains, n'aurait pourtant rien à souffrir du maintien de la personnalité de chaque ville. Peut-être même devrait-on attribuer l'absence absolument complète de ce fameux amour de la patrie à la destruction de l'esprit de cité, de l'esprit personnel dans les villes et provinces. L'auteur de l'*Histoire de Montmirail* fait mieux que discuter la théorie de cette grosse question, il l'éclaire en quelque sorte pratiquement. Vieux manuscrits, chartes, bulles, chroniques, il a tout compulsé et tout consulté pour reconstruire la vie propre de la petite cité à travers les siècles. — Dans sa laborieuse course, il a rencontré saint Vincent de Paul, qui demeura longtemps à Montmirail, où l'avait appelé le seigneur Emmanuel de Gondy, pour y être le précepteur de ses fils. — Parvenu à l'époque contemporaine, M. l'abbé Boitel s'est arrêté naturellement sur le champ de bataille de Montmirail. Il ajoute quelques détails inédits aux faits déjà connus. Cette histoire d'une obscure petite ville ne manquera pas de lecteurs. Les médaillés de Saint-Hélène iront au champ de bataille, les personnes pieuses iront aux chers souvenirs de saint Vincent de Paul.

COMPTE-RENDU DE LA *Revue de l'Art chrétien*, D'OCTOBRE 1862, P. 555.

Nous avons rendu compte, dans cette *Revue* (t. III, p. 140) de l'excellente *histoire du bienheureux Jean*, seigneur de Montmirail, par M. l'abbé Boitel. L'ouvrage que nous annonçons en est la suite et comprend les faits qui se sont accomplis à Montmirail-en-Brie, depuis l'an 1311 jusqu'à nos jours. Le savant chanoine de Châlons a consacré dix années de recherches et de travaux à la composition de cette nouvelle œuvre, où l'on trouve toutes les qualités qui ont assuré le succès de l'*histoire du bienheureux Jean*

J. CORBLET.

Histoire de l'ancien et du nouveau Vitry ou de Vitry-en-Perthois et de Vitry-le-François, 1 vol. in-12. — Prix : 1 fr. 50 c.

Compte-rendu du MÉMORIAL CATHOLIQUE, dans le N° 40 du mois d'octobre 1844, page 176.

« Pour bien écrire une histoire générale d'une nation ou d'une société, il faut recourir aux histoires particulières ou aux mémoires spéciaux. Ce sont là les meilleures sources, comme les plus abondantes. On y puise une foule de faits, de renseignements, qu'un auteur qui veut écrire une histoire générale trouverait difficilement, qui souvent même lui échapperaient totalement, et cela se conçoit : lorsqu'on se propose de traiter un seul point d'histoire, on s'environne de tous les documents existants, on épuise en quelque sorte la matière, ce que ne pourrait faire l'historien général, pour chacune des branches de son vaste travail. Cette considération est donc plus que suffisante pour que nous aimions à encourager la publication des histoires particulières, et que nous nous empressions à leur décerner les éloges qu'elles méritent. Celle de l'*Ancien et du Nouveau Vitry*, par M. l'abbé Boitel est de ce nombre. Ce laborieux et digne auteur traite à fond son sujet. Chroniques anciennes, souvenirs religieux et civils ; chartes, histoires générales, tout a été consulté par lui et mis en œuvre avec une sagacité et une science véritables. Cet ouvrage est complet en son genre, et une province, une ville doit se trouver fort heureuse d'avoir trouvé un historien qui a voulu consacrer ses veilles à retracer ses plus chers souvenirs, et à enregistrer une foule de détails extrêmement intéressants, qui seraient probablement perdus sans ses patientes et laborieuses recherches. Il serait bien à désirer qu'il se trouvât dans chaque ville un écrivain qui suivît l'exemple de M. l'abbé Boitel, et qui s'occupât à recueillir, en un ouvrage aussi clair et aussi méthodique que celui-ci, les faits historiques de sa contrée, nous ne laisserions pas tant s'égarer nos souvenirs et s'effacer nos vieilles gloires religieuses et nationales.—Nous signalerons l'ouvrage de M. l'abbé Boitel à l'attention de la revue intitulée *La Champagne catholique*, qui doit s'occuper spécialement des propres annales de la province dont elle a l'honneur de porter le nom, et se montrer empressée à rendre toute la justice qui est due au zèle et au mérite d'un auteur dont les travaux sont d'une utilité incontestable. »

Dialogues moraux, instructifs et amusants, 1 vol. in-18. Prix 60 centimes.

*Compte-rendu des DIALOGUES, par feu l'abbé Foisset, ancien supérieur du petit séminaire de Dijon, inséré dans le journal l'*Univers, *le 2 juillet 1837.*

« Plaire et instruire tout ensemble, tel a, dans tous les temps, été le but de tout écrivain consciencieux. Cette double fin, l'auteur des *Dialogues à l'usage de la Jeunesse* s'est efforcé de l'atteindre, et il a bien mérité de tous les hommes qui se vouent aux soins si pénibles de l'éducation. Destinés aux institutions de jeunes gens, ces dialogues ont déjà subi la plupart l'épreuve du public ; ils ont été goûtés, applaudis ; les vues si droites, l'esprit si chrétien qui les ont inspirés, leur sont une garantie de succès. Les questions les plus graves y sont abordées sous cette forme dialoguée qui soutient l'attention et délasse l'esprit ; tout ce qu'il y a de flétrissant dans le cynisme philosophique et de rebutant dans la fatuité de l'orgueil, tout ce qui éclate de sagesse et de puissance dans l'harmonie du monde céleste, et enfin tout ce qu'il y a de lâche et d'ignoble dans la forfanterie du duelliste, est mis en relief dans ces petits drames, qui peuvent parfaitement s'adapter à la solennité des distributions de prix. »

Compte-rendu des DIALOGUES, par L.-F. Guérin, rédacteur en chef du Mémorial catholique, *inséré dans le N° 33.*

« Aujourd'hui que tant d'hommes travaillent à pervertir la jeunesse, soit par leurs mauvais exemples, soit par leurs ouvrages, on doit savoir gré à ceux qui, opposant un contre-poison à un si grand mal, se font les véritables amis des jeunes gens, et cherchent à leur indiquer la route du bonheur en les instruisant dans la vraie science : la science de la vie et du salut. — M. l'abbé Boitel est un de ces prêtres pieux et éclairés qui consacrent les heures que leur laissent les sublimes fonctions du ministère à des travaux précieux pour leurs frères. L'un de ses meilleurs ouvrages, sans contredit, est celui que nous annonçons. Naturel dans le dialogue, clarté, simplicité dans le style, amabilité, douceur dans les leçons, que faut-il de plus pour plaire à la jeunesse? C'est ce que l'on rencontre dans les *Dialogues* de ce digne pasteur. Quant à leur utilité, il suffit d'en transcrire les titres : 1° *Dialogue historique sur la philosophie moderne;* 2° *l'Énigme,* ou *l'Orgueil confondu;* 3° *la Sphère,* ou *les Habitants de la lune;* 4° *la Géographie,* ou *Aventure plaisante de Cornuet;* 5° *la Fête;* 6° *Alexandre et Achille,* ou *le Duel.* — Nous le répétons, un prêtre qui consacre ses loisirs à l'instruction de la jeunesse est digne de la reconnaissance de tous, et d'autant plus que ces travaux, modestes en apparence, sont ceux qui offrent le plus de difficultés, et, ordinairement, le moins de gloire à leur auteur. Nous ne saurions donc trop encourager de tous nos efforts l'abbé Boitel, et prier instamment les instituteurs et institutrices, qui comprennent leur mission, de répandre dans leurs maisons cet excellent petit ouvrage, qui ne manquera pas de produire d'heureux fruits. »

Instructions et Prières pour le Sacrement de Confirmation, deuxième édition — Prix : 10 cent.

Cet ouvrage a été approuvé par l'autorité ecclésiastique. Il contient en abrégé tout ce que l'on doit savoir sur le sacrement de Confirmation, et surtout les prières avant, pendant et après la confirmation.

Dialogue sur la Grammaire. — Prix : 15 cent.

Histoire de saint Alpin, huitième évêque de Châlons, **et de la Bataille d'Attila**, dans les plaines de la Champagne. 1 vol. in-12. — Prix : 1 fr.

Compte-rendu du JOURNAL DE LA MARNE du 8 juin 1854.

« L'auteur de ce livre s'est proposé de faire connaître un des plus grands personnages du Ve siècle. Le sujet qu'il a choisi n'est point seulement une histoire locale et qui ne concerne que Châlons ; il intéresse encore toute la Champagne et même la France entière par les faits généraux auxquels il se rattache.

» L'analyse rapide du travail de M. l'abbé Boitel ne donnera qu'une idée insuffisante des recherches considérables auxquels il a dû se livrer avant d'asseoir son opinion sur une base solide et irréfragable.

» Dans l'introduction l'auteur s'attache à réfuter les erreurs accumulées depuis longues années sur le terrible adversaire que saint Alpin fut appelé à combattre, sur Attila. L'incrédulité a pris à tâche de nier à ce conquérant barbare la mission qu'il avait reçue d'en haut de châtier les peuples coupables, et lui contestent même jusqu'à son titre de FLÉAU DE DIEU : M. l'abbé Boitel rétablit les légendes dans leur vérité primitive.

» Après avoir retracé les premières années de saint Alpin, si belles, si pures, si calmes, l'auteur arrive à l'évènement capital du Ve siècle, ou mieux encore de l'histoire du monde chrétien. Il met en présence deux héros : l'un est le prodige de la force brutale, l'autre le prodige de la force morale ; le premier commande à des troupes innombrables ; le second est seul et n'a d'autres armes que la prière et la parole. Et cependant, par un prodige inouï, c'est au dernier que reste la victoire.

» Avant de raconter la lutte formidable qui se termina par la défaite d'Attila, M. l'abbé Boitel soutient une controverse vigoureuse contre les mille adversaires qui voudraient ravir cette bataille aux champs catalauniens, dont elle est la plus grande gloire. Il était si difficile de déterminer le lieu de cette action si mémorable ; il se présentait à cet égard des difficultés si nombreuses, si inextricables, que l'on avait fini par en laisser l'honneur au pays troyen, comme on l'a vu dans les assises scientifiques tenues à Reims en 1845. Mais l'auteur résout avec tant de bonheur ces difficultés, il discute si victorieusement les diverses opinions, qu'il force le lecteur à adopter la sienne. Alors, quand il a dissipé le doute, écarté toutes les erreurs, il aborde la question stratégique et la traite avec une telle habileté que l'on pourrait croire qu'il a été initié à tous les secrets du conquérant barbare, qu'il l'a suivi dans tous ses mouvements. Le récit de la bataille et de ses préliminaires excite surtout un puissant intérêt. Aucun détail n'échappe à l'historien ; la harangue d'Attila à ses troupes au commencement de l'action, peint admirablement la férocité de son caractère indomptable, et l'on ne peut se défendre d'une profonde surprise en voyant celui que l'on s'était habitué à regarder comme inaccessible à la faiblesse, honteusement asservi à de puériles et absurdes superstitions.

» M. l'abbé Boitel ne s'est pas borné à ce seul mais considérable épisode de la funeste carrière du roi barbare :

il le suit dans ses diverses pérégrinations et leur emprunte des détails à peu près inconnus, mais qui s'adaptent parfaitement au cadre qu'il s'est tracé : faire éclater le mérite, les vertus, la grandeur de saint Alpin par le contraste de la force et de la puissance de son redoutable adversaire. Ces deux histoires sont d'ailleurs inséparables : la dramatique horreur de l'une illumine la touchante simplicité de l'autre.

» Le livre de M. le doyen de Montmirail ne peut manquer de trouver place dans la bibliothèque de quiconque aime la gloire de la Champagne et la gloire des saints. On ne peut donner en prix un livre qui soit plus utile et plus agréable aux jeunes gens. Son prix minime le met d'ailleurs à la portée de toutes les fortunes. »

Histoire d'Esternay, ou Recherches historiques, archéologiques sur **Esternay**, son château et les communes du canton. 1 fort vol. in-12. — Prix : 2 fr. 50 c.

Lettre de Mgr de Prilly, évêque de Châlons.

Châlons, le 20 juillet 1850.

« Je lis avec un grand plaisir, mon cher monsieur le curé, votre *Histoire du canton d'Esternay*, qui offre tant d'intérêt pour tant de détails vraiment curieux et pour les recherches que ce travail vous a coûtées. Elle fait bien connaître cette partie du diocèse et ne peut manquer de plaire au lecteur. C'est pour nous un monument, et je vous en remercie.

» Tout à vous en Notre Seigneur.

» † M.-J., *Evêque de Châlons.* »

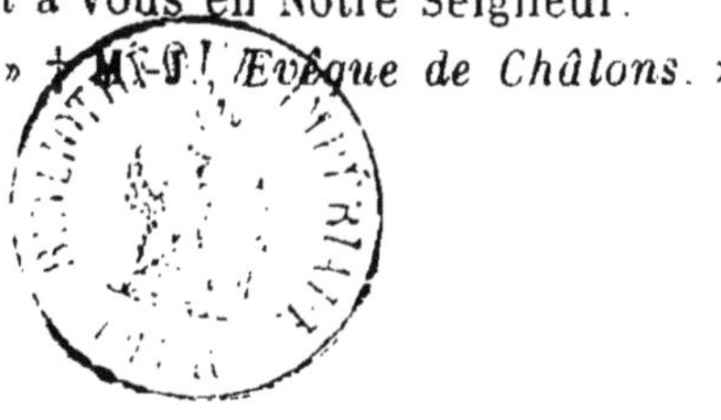

Châlons, imp. T. Martin.

TABLE DES MATIÈRES.

PAGES.

Discours préliminaire 7

VIE DE SAINT VINCENT. — CHAPITRE Ier. — Race illustre de saint Vincent. — Plusieurs villes se disputent l'honneur de lui avoir donné naissance. — Sa science et sa piété. — L'évêque de Saragosse, Valère, l'ordonne diacre et lui confie le ministère de la parole 17

CHAPITRE II. — La persécution s'allume. — Valère et Vincent sont arrêtés et emmenés tous deux prisonniers à Valence. — Dacien les fait comparaître devant lui 19

CHAPITRE III. — Valère est condamné à l'exil et Vincent au chevalet, au gril ardent. — Grande constance de Vincent en son martyre 22

PAGES.

CHAPITRE IV — Mort de Vincent. — Vains efforts du tyran pour faire disparaître à jamais ses reliques. — Le corps de Vincent, exposé aux bêtes, est conservé par un corbeau. — Un autre miracle. — Sa sépulture. 28

CHAPITRE V — Translations des reliques de saint Vincent. — Honneurs qu'on leur rend. — Miracles qu'elles opèrent. — On invoque saint Vincent pour recouvrer les choses perdues. . . . 32

Prière à saint Vincent. 36

VIE DE SAINT ELOI. — CHAPITRE Ier. — Saint Ouen, auteur de la vie de saint Eloi. — Lieu de la naissance de saint Eloi. — Pronostic de sa grandeur future. — Son éducation. — Il entre en apprentissage chez un orfèvre de Limoges. — Ses progrès. — Il se rend à Paris. — Son premier emploi. — Sa fidélité dans un ouvrage d'orfévrerie. 37

CHAPITRE II. — Eloi évite de faire un serment. — Il est nommé maître de la monnaie et fait de belles châsses. — Il se préserve des vices de la cour. — Son esprit de pénitence. — Il obtient de Dieu l'assurance du pardon de ses péchés. — Il se dégage, ainsi que son compagnon, des vanités du monde. — Ses liaisons avec Dagobert. — Sa charité envers les captifs — Ses austérités. . 42

CHAPITRE III. — Eloi rétablit le bon accord entre Dagobert et Judicaël, duc des Bretons. — Il est fait chef des monastères réformés de France... 50

CHAPITRE IV — Miracles de saint Eloi. — Autorité qu'il a en France. — Les désordres qu'il extirpe. 54

PAGES

CHAPITRE V. — Eloi est élu évêque de Noyon.—Sa charité pour les pauvres. — Son zèle pour la conversion des infidèles. 61

CHAPITRE VI.—Saint Eloi découvre les reliques des Saints. — Ses prédications. 71

CHAPITRE VII.—Sévérité d'Eloi contre les pécheurs opiniâtres. — Ses miracles. — Ses prédictions. — Il construit des monuments religieux. 77

CHAPITRE VIII. — Eloi donne le voile à sainte Godeberte. — Il prédit sa mort — Il console ses disciples. — Son âme s'élève dans le ciel, sous la forme d'une étoile croisée. — La reine Bathilde et les princes ses fils assistent à ses funérailles — La princesse ne peut enlever ses reliques.— Eloi apparaît, après sa mort, à un gentilhomme. — Des miracles s'opèrent sur son tombeau. 85

Prière à saint Eloi. 94

Sermon pour la Toussaint. 95

Catalogue des ouvrages du même auteur.

Châlons, imp. T. Martin.

OUVRAGES DU MÊME AUTEUR

Histoire du bienheureux Jean, surnommé *l'humble*. 1 vol. in-12, 500 pages, 5 gravures. — Prix : [illegible] fr.

Histoire de Montmirail-en-Brie, faisant suite à **l'histoire du bienheureux Jean** : 1 vol. in-12, [illegible] pages, 1 gravure. — Prix : 3 fr.

Histoire de l'ancien et du nouveau Vitry [illegible] **Vitry-en-Perthois et de Vitry-le-François**. 1 vol. in-12. — Prix : 1 fr. 50 c.

Dialogues moraux, instructifs et amusants. 1 vol. in-18. — Prix : 60 centimes.

Instructions et Prières pour le Sacrement de Confirmation, deuxième édition. — Prix : 10 cent.

Dialogue sur la Grammaire. — Prix : 15 cent.

Histoire de saint Alpin, huitième évêque de Châlons, **et de la Bataille d'Attila**, dans les plaines de la Champagne. 1 vol. in-12. — Prix : 1 fr.

Histoire d'Esternay, ou Recherches historiques, archéologiques sur **Esternay**, son château et les communes du canton : 1 fort vol. in-12. — Prix : [illegible] fr. [illegible] c.

www.ingramcontent.com/pod-product-compliance
Ingram Content Group UK Ltd.
Pitfield, Milton Keynes, MK11 3LW, UK
UKHW021101200726
13857UKWH00003B/1042

9 782011 281623